ARQUITECTURA
EXPUESTA

EXPOSED
ARCHITECTURE

09 INTRODUCCIÓN

11 INTRODUCTION

13 ARQUITECTURA SIN MIEDO A MORIR

17 ARCHITECTURE WITHOUT THE FEAR OF DYING

25 EXHIBICIONES

EXHIBITIONS

107 INTERLUDIOS INDISCIPLINADOS

UNDISCIPLINED INTERLUDES

149 INTERLUDIOS DE ESTUDIO	STUDIO INTERLUDES
179 ENSAYOS	ESSAYS
286 BIOGRAFÍAS	287 BIOGRAPHIES

#arquitecturaexpuesta
reúne imágenes históricas relacionadas
con exposiciones de arquitectura
gathers historic images related to
architecture exhibitions.

Celebrations in City Spaces at the Seagram Building, Marilyn Wood y [and] The Celebrations Group, NYC, Estados Unidos [United States], 1972.

La coreógrafa Marilyn Wood (discípula de Merce Cunningham) amplió los límites de la danza contemporánea cuando empezó a utilizar el espacio urbano como escenario para sus representaciones o *performances*. Una de sus piezas canónicas, *City Celebration*, tuvo lugar en el edificio Seagram de Mies van der Rohe en 1972. Los bailarines ocuparon las ventanas, elevadores y la plaza del edificio, interactuando con los ejecutivos que iban entrando y saliendo. "Se cree que fue la primera vez que se encargó una danza para un edificio". (Dee Wedemeyer, *The Free Lance-Star*, 1972)

The choreographer Marylin Wood (a disciple of Merce Cunningham) pushed the boundaries of contemporary dance when she began to use urban space as a stage for her performances. One of her canonical works, City Celebration, was performed at the Seagram Building by Mies van der Rohe in 1972. The dancers occupied the building's windows, elevators and plaza, interacting with the businessmen going in and out. "It is believed the first time a dance has been commissioned for a building." (Dee Wedmeyer, The Free Lance Star, 1972)

Triangolo, Mauro Staccioli,
Martina Franca, Italia [Italy], 1979.

Esta intervención fue creada en Martina Franca en ocasión de los "Incontri" promovidos por Lidia Carrieri y Enrico Crispolti en 1979. El evento contó con la participación de numerosos artistas invitados para crear un momento para comparar obras y discutir las experiencias de investigación artística más recientes, con especial atención en sus relaciones con el espacio urbano y el contexto social. Un triángulo de concreto armado, erguido y encajado entre dos paredes de una calle, sorprende a los transeúntes, obstaculizando su paso habitual.

> The intervention created at Martina Franca on the occasion of the "Incontri" (Meetings) promoted by Lidia Carrieri and Enrico Crispolti in September 1979 certainly played an important role. This particular event saw the participation of numerous artists called upon to create a moment to compare works and discuss the most recent experiences of artistic research, with particular attention to its relations with the urban space and the social context. A triangle of reinforced concrete, upturned and wedged between two walls of a street surprises passers-by, hindering their habitual passage.

Carlos Bedoya, Ruth Estévez, Wonne Ickx, Víctor Jaime y Abel Perles

Introducción

Hace ya casi tres años, se publicaba nuestro primer volumen de LIGA, con el entusiasmo de aquellos que por primera vez muestran el trabajo realizado. Ésa fue una publicación que nos sirvió para poner en orden nuestras ideas y marcar el inicio de un experimento que empezaba a cobrar forma. Se nos hizo interesante comenzar con un galimatías: *Hasta los espacios pequeños empiezan pequeños/Even small spaces start small*. Un título agenciado y reformulado de una bizarra película de W. Herzog, que coqueteaba desde el absurdo con juegos de representación y escala.

El espacio ha crecido en años y ha ampliado sus actividades más de lo imaginado. Sin embargo, nos gusta que siga siendo pequeño. Una pequeñez que nada tiene que ver con medidas, sino con la idea de mantener a LIGA cerca de lo local, dejando a la vista los intereses por los que un día decidimos abrir este espacio hace seis años: mantenernos atentos a la ciudad en la que vivimos, la Ciudad de México, una geografía que supera siempre nuestras expectativas. Y, desde ahí, ampliar esa mirada hacia el sur, resaltando la producción realizada en Latinoamérica. Son prácticas que han crecido a la par que nuestro espacio, pero que todavía necesitan de plataformas para abrirse paso en el panorama internacional.

Si bien el primer volumen surge como una suerte de memoria, en este segundo tomo quisimos desarrollar un tema específico, que es a su vez parte esencial de nuestro programa: cómo se exhibe la arquitectura. Uno de los objetivos de LIGA ha sido el de alentar a los arquitectos invitados a pensar su trabajo a partir de un formato expositivo, que dé cuenta de su filosofía y metodologías, un ejercicio para imaginar los parámetros de representación de su propia práctica.

Más que un catálogo sobre las diferentes posibilidades de exhibición asociadas a esta disciplina, hemos querido hacer hincapié en la dificultad y la paradoja que siempre encierra. Las páginas de este libro contienen los proyectos y eventos realizados en los últimos tres años como ejemplos de trabajo, acompañados también de una serie de ensayos inéditos sobre cómo exhibir arquitectura desde perspectivas diversas. Las narrativas se centran en el formato de exhibición como medio en sí mismo, pero también y de manera más amplia, invitan a pensar qué es realmente la arquitectura hoy, cómo se realiza, experimenta y discute.

Hemos propuesto a Isabel Abascal, directora ejecutiva que ocupa este cargo desde julio de 2015, colaborar con Mario Ballesteros como dupla de editores de este libro. Mario Ballesteros es el director de Archivo Diseño y Arquitectura, un espacio independiente en México que se dedica primordialmente a coleccionar, exponer e investigar el ámbito del diseño en la Ciudad de México. La visión interna de LIGA y la perspectiva adyacente de un editor invitado nos ha permitido reflexionar sobre lo que hacemos de forma autónoma, tomando una necesaria distancia crítica.

Estamos seguros de que las exposiciones y eventos documentados en este libro, las referencias históricas y los ensayos refrescan y apoyan el debate vigente de "cómo exponer arquitectura" hoy. Sin olvidar tampoco, y como telón de fondo de todas nuestras actividades y de esta publicación, nuestro apremio por incluir y diseminar desde dentro y hacia afuera la arquitectura producida en América Latina.

Carlos Bedoya, Ruth Estévez, Wonne Ickx, Víctor Jaime and Abel Perles

Introduction

We published LIGA's first book nearly three years ago now, with all the excitement of those who are sharing the fruit of their labors for the first time. This publication was useful for organizing our thinking and to mark the start of an experiment which was beginning to take shape. We thought it would be fun to start with a bit of nonsense: *Even Small Spaces Start Small / Hasta los espacios pequeños empiezan pequeños*. The title was adapted from a bizarre Werner Herzog movie which flirted with representation and scale from the perspective of the absurd.

  The gallery has grown up and its activities have grown more than could have been imagined. Nevertheless we like being a small space. This smallness that has nothing to do with dimensions, but with the idea of retaining LIGA's sense of immediacy, and keeping sight of the interests which led to our decision to open the space one day six years ago: maintaining our awareness of the city which is our home, Mexico City, whose geography always exceeds our expectations. And from here, it is about expanding our gaze southwards, focusing on what is being produced in Latin America. These are practices that have grown in tandem with our space, but which are still in need of platforms to gain access to the international scene.

  While this first book came out as a kind of review of activities, here we wanted to develop a particular theme, which in turn is an essential part of our program: how architecture is exhibited. One of LIGA's objectives has been to encourage the invited architects to consider their work from the perspective of an exhibition format, an exercise in rethinking the presentation criteria of their own practice while paying heed to their philosophy and methodologies.

Beyond a mere catalog of the different ways of exhibiting architecture, we have wanted to emphasize the difficulty and the paradox it always entails. The pages of this book contain the projects and events held over the last three years as examples of work, accompanied by a series of previously unpublished essays on how to exhibit architecture, from several different perspectives. The narratives are centered on the format of the exhibition as a medium in itself, but also in a wider sense they invite reflection on the nature of architecture today: how it is produced, experienced, and discussed.

  We proposed to Isabel Abascal, the executive director, who has been in post since July 2015, that she work with Mario Ballesteros as joint editors of this book. Mario Ballesteros is the director of Archivo Diseño y Arquitectura (Design and Architecture Archive) in Mexico City. LIGA's in-house vision together with the external perspective of a guest editor have allowed us to reflect on what we ourselves do, with a necessary critical distance.

  We are sure that the exhibitions and events documented in this book, the historical references and the essays, will refresh and take forward the current debate on how to exhibit architecture. This is not to forget the backdrop to all our activities and to this publication, which is to showcase the architecture produced in Latin America and to disseminate it in the region and beyond.

Isabel Abascal
Arquitectura sin miedo a morir

No es clara la cronología que indica desde hace cuántos siglos las últimas semanas del mes de octubre son dedicadas por albañiles, artesanos y familias enteras del pueblo de Huaquechula, en el estado de Puebla, a la confección de sofisticadas instalaciones tridimensionales que se inauguran el 1 de noviembre, el Día de Muertos. Hechos con madera, bloques de cemento y revestidos con raso blanco, estos altares suelen alcanzar los tres metros de altura y están divididos en tres niveles que representan consecutivamente la vida terrenal, el cielo y la gloria celestial. Se construyen en homenaje a un pariente difunto, dentro de su propia casa, y se abren a los visitantes que pasan a admirarlos a partir de las dos de la tarde. A esa hora suenan las campanas y las almas de los finados regresan a degustar la bebida y la comida que más disfrutaban en vida.

El carácter general en estas *openings* populares es celebratorio. Bandas de música tocan en el patio de las casas donde se ha dispuesto la mayor cantidad posible de mesas y sillas para que el público participe del banquete en honor al muerto. Cada instalación tiene su estilo propio que será testimonio de la gran dedicación que se le ha prestado. No hay reglas escritas, tan sólo un aura compartida.

Por extraño que parezca hay una conexión implícita entre las motivaciones que impulsan esta práctica tradicional y las que promueven el programa expositivo del Espacio para la arquitectura, LIGA. En ninguno de los dos casos se trata de arquitecturas pensadas para permanecer o para lucrar, su valor reside en lo fugaz de su existencia. Desde su fundación, hace seis años, LIGA ha querido incentivar la experimentación en torno a la práctica arquitectónica contemporánea con un foco especial en Latinoamérica, entendiendo con ello un conjunto flexible de territorios y ciertas inquietudes comunes más que una geografía política limitante. Desde entonces, algunos de los retos que dieron lugar a su aparición han sido parcialmente superados. La importancia de la arquitectura producida en Latinoamérica se acepta ya mundialmente como un valor propio, más allá de su condición periférica o de la eventual falta de recursos. No obstante, continúa habiendo otros desafíos.

Como queda patente en estas páginas, para cada edición trimestral de LIGA se invita a un estudio de arquitectura a realizar una muestra *site-specific* en la pequeña sala de exposiciones de 16 m². Se pretende otorgar así a los autores, un tiempo y un espacio dentro del acelerado ritmo de trabajo, para que reflexionen sobre su propio quehacer, condensen lo más relevante y desarrollen nuevas ideas. El formato de partida totalmente libre ha acabado derivando por lo general en piezas objetuales tridimensionales. Tal vez como contraposición lógica a los medios de representación habituales en arquitectura, fotos, dibujos, planos y maquetas, que si bien son usualmente cuestionados por remitir a una arquitectura ausente, han sido también tensionados hasta sus límites en varias de las ediciones, denotando su autonomía para comunicar un discurso.

El hecho de saber desde su concepción que estas ofrendas son efímeras, en el caso de las celebraciones en Huaquechula, no les resta importancia ni magnificencia. Por el contrario, funcionan como crisoles de la energía y habilidad de los implicados. Los altares poblanos son visitados con especial profusión durante el Día de Muertos y después siguen colapsando con su enorme tamaño parte del cotidiano del hogar, hasta su desmontaje que coincidirá con la fecha en la que el homenajeado pasó a mejor vida. La importancia de estas piezas radica no solamente en sus valores individuales como obras aisladas, sino también en la fuerza de la red que conforman y que modifica la relación de una comunidad entera con un tema en específico, léase la *muerte* o la *arquitectura* según convenga. Al llegar a Huaquechula, el visitante recibe un planito con la lista de las personas que han fallecido ese año. Así puede orientarse y encontrar las casas donde se sitúan las ofrendas, que por otra parte están bellamente señaladas por volátiles caminitos hechos con pétalos de cempasúchil.[1]

Quizás este libro pueda funcionar a la manera de uno de esos planos, presentando una constelación que recoge muchos de los eventos que han tenido lugar en LIGA a lo largo de los últimos tres años. Así como parte de lo sucedido en el contexto internacional, a cargo de otros profesionales, instituciones, bienales y espacios, durante el mismo periodo. No se trata de mostrar todo, sino de realizar un itinerario subjetivo e intuitivo e impregnarse de la atmósfera del lugar y del proyecto.

Montar una muestra de arquitectura parte de la intención de enseñar algo concreto a un público específico, lo que comúnmente llamamos "exponer arquitectura". Sin embargo, la arquitectura, por su propia naturaleza, se expone a sí misma desde el momento en que se materializa. Cierta arquitectura es consciente del riesgo y la responsabilidad que esta condición de exposición pública conlleva. Es a esto a lo que hemos querido llamar "arquitectura expuesta". Aquella que al presentarse ante los usuarios respalda cierto entendimiento del mundo.

Este libro, organizado en cuatro grandes bloques que pueden ser consultados independientemente o sin un orden lineal, se sitúa en algún lugar entre ambos universos muy próximos entre sí, el de lo que se expone y el de lo expuesto. La primera sección recoge las exposiciones trimestrales LIGA 11 a LIGA 22. Ya que toda la información referente a estas muestras y a sus autores, ensayos críticos, textos descriptivos, fotografías, puede encontrarse online en www.liga-df.com, la función de este capítulo no es duplicar el material documental sino hacer hincapié en ciertos aspectos de estas intervenciones para colocarlas en diálogo con reflexiones inéditas que aparecerán a lo largo del libro.

Alrededor de este programa trimestral, eje central del espacio, circulan lo que llamamos Interludios, series de eventos que exploran temas en específico. El segundo bloque del presente volumen se refiere a los ciclos *Indisciplinados* y *de Estudio*. Los Interludios nos permiten profundizar en cuestiones concretas como la relación entre el espacio arquitectónico y la producción artística o las conexiones entre profesionales de otras áreas, teatro, fotografía, vídeo, antropología y la discusión de la ciudad. Esta secuencia de ciclos viene a reforzar la importancia de lo transitorio y la dimensión exponencial de su influencia a posteriori.

Con la intención de contextualizar el trabajo de LIGA dentro del panorama global y reciente, se invitó a diez autores a repensar su trayectoria profesional en relación con el concepto de arquitectura expuesta. Los diez ensayos ofrecen diez perspectivas subjetivas que al fin y al cabo provienen de lugares diferentes, la academia, el museo público, la institución privada, la bienal o la trienal, el mundo editorial, la curaduría independiente, el espacio auto-gestionado, el estudio de arquitectura, Argentina, Brasil, Europa, México,

1   La *Tagetes erecta* se conoce en México como cempasúchil o flor de muertos ya que los mexicas adornaban las tumbas con pequeñas flores a las que se adjudicaba la capacidad de preservar en sus pétalos el calor del sol.

Estados Unidos. Este tercer bloque de textos críticos nos permite entrar al *entre bambalinas* de una exposición de arquitectura, de este modo ofrece un contrapunto al primer capítulo.

Durante los más de nueve meses de gestación de este libro, fuimos construyendo un archipiélago de referencias históricas que se relacionan con el tema que nos ocupa. Bajo el hashtag #arquitecturaexpuesta, estos ejemplos se han ido insertando de un modo algo misterioso en nuestras redes sociales y se insertan ahora intercaladas entre las páginas de este libro en forma de un cuarto bloque que, de nuevo, no pretende funcionar como enciclopedia sino como declaración de intenciones.

La arquitectura tiene sus tiempos y es cierto que esos tiempos, al adecuarse a los de la era imperante, se han ido acelerando consecutivamente a lo largo de los siglos. Hoy en día la arquitectura asume más que nunca las cualidades de efímera e incluso de instantánea. El efímero contemporáneo es un concepto lineal, algo que aparece y desaparece para no regresar más, como la concepción occidental de la vida que termina con la muerte. Pero el efímero milenario está conectado con la idea de ciclo, aquello que muere para poder volver a nacer. Así, una exposición debe desaparecer para permitir que la siguiente tenga lugar. Un Interludio cobra sentido dentro de una serie, ya que es la secuencia la que permite mapear un panorama de prácticas o la propia ciudad, elaborar conclusiones y construir una comunidad de público asiduo.

Diría Octavio Paz que el mexicano ama las fiestas y que todo es buen pretexto para interrumpir el ritmo diario y celebrar. Lo relevante, más allá del acto conmemorativo, es que esas fiestas permiten que la sociedad cuestione su propio funcionamiento, "se libera de sus propias normas, se burla de sus dioses, de sus principios y sus leyes". Tratando de mantenernos a la altura del arquetipo productivo y cultural de la contemporaneidad según el cual el éxito y la felicidad se alcanzan sometiéndose individualmente a condiciones de auténtica sobreexplotación, donde el estrés y la competitividad se vuelven moneda corriente, los arquitectos apenas tenemos tiempo para pensar más allá. LIGA propone desacelerar ese ritmo y ofrece un instante vacío para preguntarse ¿qué estamos haciendo y por qué lo hacemos?

Como resultado, cada una de las muestras y eventos que se suceden dentro y fuera de LIGA no actúan de manera individual sino que se superponen invisiblemente, enriqueciéndose las unas a las otras. De este modo van formando una colección no simultánea de conocimiento. Y esta colección continúa creciendo, incluso mientras el lector recorre este libro.

Isabel Abascal

Architecture Without the Fear of Dying

For untold centuries, in the final weeks of October, the laborers, craftsmen and entire families of the town of Huaquechula in the state of Puebla have been creating sophisticated three-dimensional installations for the Day of the Dead. Made from wood and cement blocks and dressed in white satin, these altars can be three meters high and are divided into three levels which represent, successively, earthly life, heaven and heavenly glory. They are a tribute to deceased relatives and placed within their own homes, which are open from two in the afternoon to visitors who come in to pay their respects, while the church bells are rung and the souls of the departed come back to taste the food and drink they most enjoyed in life.

The general mood of these popular open-house events is celebratory. Bands play their music in the patios of houses where as many chairs and tables as possible are crammed in for the local people to participate in a banquet in honor of the dead. Each installation has its own style which bears witness to the great dedication of the makers. There are no written rules, only a shared aura.

Strange as it may seem, there is an implicit connection between the motives for this custom and those which drive LIGA's temporary exhibition program. Neither is concerned with architecture designed for permanence or profit, and the value of each one lies in the ephemerality of their existence. Since it was founded six years ago, LIGA has sought to stimulate experimentation in contemporary architectural practice, with a special focus on Latin America, understood as a loose set of territories with certain common concerns rather than in terms of geopolitical boundaries. Since then, some of the challenges which led to its appearance have been partially overcome. The importance of the architecture being produced in Latin America is accepted worldwide in its own right, regardless of its peripheral situation or the occasional lack of resources. Nevertheless, other challenges remain.

As these pages reveal, for each quarterly show at LIGA an architectural studio is invited to create a site-specific exhibition for the small, $16m^2$ gallery. In this way the authors are offered time and space within their hectic schedules in which to reflect on their own work: to encapsulate the most relevant ideas and to develop new ones. The blank slate in terms of the format has led for the most part to three-dimensional pieces being produced. This may represent a logical counterpoint to the traditional contents of architecture exhibitions: photos, drawings, plans and models. Although the value of these media is often questioned insofar as they reference an absent architecture, they have also been stretched to the limits in several of LIGA's shows, denoting their autonomy in the communication of a discourse.

Even though we know the offerings are ephemeral, in the case of the Huaquechula celebrations, this does not detract from their importance or magnificence. On the contrary, they function as crucibles for the energy and skills of those involved. The altars of Puebla are most visited on the Day of the Dead, and afterwards with their enormous size they continue to obstruct the daily life of the home, until they are taken down on the anniversary of the day the person being honored passed to a better life. The importance of these installations is not merely related to their individual value as isolated works, but also to the strength of the network they represent and which changes the relationship of an entire community to the particular issue: read here [death] or [architecture] as appropriate. On arrival in Huaquechula, visitors receive a little map with the list of the deceased of that year. In that way they can orientate themselves and find the houses where the offerings are located, which additionally are beautifully signposted by short-lived little trails made from bright orange Mexican marigold petals.[1]

Perhaps this book can function like one of those maps, presenting a wide spectrum covering many of the events that have taken place at LIGA throughout the last three years. It also covers some of the events on the international scene, undertaken by other professionals, institutions, biennials and spaces during the same period. It is not about showing everything, rather providing a subjective and intuitive itinerary and soaking up the atmosphere of the place and of the project.

Putting on an architectural show begins with the intention of displaying something concrete to a specific public, which we commonly call "exhibiting architecture." Nevertheless, by its very nature, architecture exhibits itself as soon as it takes on built form. Some architecture is conscious of the risk and responsibility that this status as public exhibition entails. This is what we have referred to as "exposed architecture." The one that when presenting itself to users, reinforcing a certain understanding of the world.

This book, organized into four large sections which may be consulted separately or in no particular order, nestles between two very closely related concepts: exposure and exhibition. The first section assembles the quarterly exhibitions running from LIGA 11 to LIGA 22. All the information on these exhibitions and their authors, critical essays, descriptive texts and photographs can be found online at www.liga-df.com, so this chapter does not seek to duplicate the documentary material but rather to highlight certain aspects of these contributions, placing them in a dialogue with previously unpublished texts which appear throughout the book.

The quarterly program, which is the guiding principle of the space, is surrounded by what we call "Interludes," series of events which explore specific themes. The second section of this book deals with the *Undisciplined* and *Study* series. The Interludes allow us to go deeper into specific issues such as the relationship between architectural space and artistic production, or the connections with professionals in other spheres: theater, photography, video, anthropology, and discourse on the city. This sequence of series underpins the importance of their temporary character, as well as the exponential aspect of their influence after the fact.

With the intention of contextualizing the work of LIGA in the current global scene, ten authors were invited to review their career paths in relation to the concept of Exposed Architecture. The ten essays offer ten subjective perspectives, whose provenance is ultimately varied: from academia, the public museum, the private institution, the biennial or triennial, the publishing world, independent curatorship, the self-managed space, the study of architecture, from Argentina, Brazil, Europe, Mexico and the United States. This third section of critical texts allow us to go "behind the scenes" at an architecture exhibition, thus offering a counterpoint to the first chapter.

Over close to nine months, while the book was in gestation, we built up an archipelago of historical references related to the topic in hand. In a somewhat mysterious manner these examples have been dropped into our social networks under the hashtag exposed architecture [#arquitecturaexpuesta], and now they have been merged into the

1 *Tagetes erecta*, known in Mexico as *cempasúchil* or the flower of the dead since the Mexica people used to adorn graves with small flowers whose petals it was thought were capable of retaining the heat of the sun.

pages of this book in a fourth section, which once again are statements of intent rather than anything encyclopedic.

Architecture has its periodicity and it is true that when its periods have adapted to the prevailing era, they have sped up consecutively over the centuries. Today, more than ever, architecture is becoming ephemeral and even instant. Present-day ephemerality is a linear concept, something which appears and disappears never to return, as in the Western concept of life which ends in death. But ageold ephemerality relates to a more cyclical concept: that which dies in order to be reborn. Thus an exhibition must disappear to enable the next one to take its place. An Interlude becomes meaningful within a series, since it is the sequence which enables us to map out a panorama of practices, or the city itself, to prepare conclusions and to build an eager audience, a community.

Octavio Paz said that Mexicans love a fiesta, and that so far as they are concerned, anything is a good excuse to break the daily routine and to celebrate. The point is that beyond commemoration, such festivals allow society to question its own functioning, "it frees itself from its own norms, it laughs at its gods, its principles and laws." Trying to retain the stature of the productive and cultural archetype of contemporaneity by which success and happiness are achieved, individually submitting to conditions of real over-exploitation, where stress and competitiveness are the currency, we architects barely have time to think beyond the current project. LIGA proposes to slow this pace down and offers an empty space in which to ask ourselves what we are doing and why we are doing it.

As a result, each of the exhibits and events that take place inside and outside LIGA does not function individually but invisibly overlap and enrich one another. In this way, they form an asynchronous collection of knowledge. And this collection continues to grow, even as the reader works through this book.

Caschi Sonori, Ugo La Pietra
en colaboración con [in collaboration with]
Paolo Rizzatto, XIV Triennale di Milano,
Milán [Milan], Italia [Italy], 1968.

El arquitecto italiano Ugo La Pietra fue un explorador pionero del concepto "antiproyecto". Por medio de obras como *Caschi Sonori*, reflexionó sobre el concepto de entornos inmersivos para crear espacios "audiovisuales", donde la percepción de la realidad sería totalmente distorsionada.

>Italian architect Ugo La Pietra was a pioneering explorer of the "anti-project" concept. Through works such as *Caschi Sonori* he reflected on the concept of immersive environments so as to create "audio-visual" spaces, where the perception of reality would be totally distorted.

Mostrando el aire [Showing the Air]
Bruno Munari, Como, Italia [Italy], 1969.

El artista italiano, diseñador e inventor Bruno Munari realizó su pieza *Mostrando el aire* (Visualizzazione dell'Aria di Piazza Duomo, 21 de septiembre, 1969) en el evento Campo Urbano, en Como, Italia. Munari invitó a los participantes a la parte superior de una torre para lanzar trozos de papel de diferentes formas, plegados de diferentes maneras, para que cayesen hacia la tierra siguiendo trayectorias únicas. De esta forma podía verse el aire en la Plaza del Duomo. La acción formó parte de un evento mayor en el que más de cuarenta artistas, músicos, arquitectos y críticos de arte tomaron el centro histórico de la ciudad. El evento Campo Urbano, y el fotolibro que resultó de éste, fueron coordinados por el historiador del arte y la arquitectura Luciano Caramel, el fotógrafo Ugo Mulas y el diseñador gráfico Bruno Munari.

    The Italian artist, designer and inventor Bruno Munari created his work "Showing the Air" (Visualizzazione dell'Aria di Piazza Duomo, September 21, 1969) at the event Campo Urbano in Como, Italy. Munari invited the participants to climb to the top of a tower and to throw pieces of paper of different shapes, folded in different ways for them to fall to earth following unique trajectories. In this way, the air around the Plaza del Duomo could be visualized. The action formed part of a larger event at which over forty artists, musicians, architects and art critics took over the historic center of the town of Como. The event "Campo Urbano" and the resulting book of photographs were coordinated by the art historian and architect Luciano Caramel, the photographer Ugo Mulas and the graphic designer Bruno Munari.

		EXHIBICIONES / EXHIBITIONS
26	LIGA 11	RCJV
32	LIGA 12	MMX
38	LIGA 13	DIEGO ARRAIGADA
44	LIGA 14	MAPA
50	LIGA 15	EMILIO MARÍN + JUAN CARLOS LÓPEZ
56	LIGA 16	ALEJANDRO HAIEK (LAB.PRO.FAB)
62	LIGA 17	ESTUDIO MACÍAS PEREDO
68	LIGA 18	TACOA
74	LIGA 19	LLONAZAMORA
80	LIGA 20	NICOLÁS COMPODONICO
86	LIGA 21	VÃO + MARINA CANHADAS
92	LIGA 22	AXEL ARAÑÓ, LUDENS, CANO VERA, DCPP, TEZONTLE

Los textos que acompañan las exposiciones son extractos de los textos críticos originales para LIGA 11–22 y están disponibles íntegramente en liga-df.com

The texts accompanying the exhibitions are extracts of the original critical texts written for LIGA 11-22 and are available in full on liga-df.com

RCJV (Portugal)
Un cuarto para la Ciudad de México

"El cuarto es el lugar de la mente. En un pequeño cuarto uno no dice lo que diría en uno grande", afirma Louis Kahn. La propuesta de RCJV consiste en la construcción de un cuarto que flota en medio del espacio expositivo de LIGA. En su interior se encuentra un único e inédito atlas: un libro que recopila imágenes de lugares, objetos, elementos y trabajos que recrean la trayectoria de Ricardo Carvalho y Joana Vilhena.

Un modo de cuestionar
Manuel Aires Mateus

Con el paso del tiempo he venido defendiendo que la arquitectura trabaja fundamentalmente sobre la elaboración de una pregunta. En ese sentido, poder trabajar con una dimensión de la libertad sin conocer cual es el punto de llegada (garantizando, no obstante, total libertad en el punto de partida), se asume como una riqueza en la investigación del dominio del espacio, de la materia y de sus límites. La pregunta que se plantea, en el caso de la arquitectura, se revela en un primer momento como genérica y se vuelve, más tarde, específica.

En la cultura clásica occidental, de la que somos herederos, se estableció una relación con el conocimiento estructurada precisamente en la idea de exploración de la propia pregunta. La búsqueda filosófica o científica permitió (y permite) el acceso al conocimiento. Encuentro aquí, en el modo de preguntar, una riqueza en el trabajo de los arquitectos Ricardo Carvalho y Joana Vilhena. Este modo de funcionar consiste en trabajar la búsqueda, sin generar un *impasse* o una vinculación a un determinado modo de hacer arquitectura, o un modo recurrente de formalizarla. Me parece interesante que los arquitectos puedan escapar del entendimiento de un determinado modo de hacer fijado desde la partida, esperado desde el inicio.

Salir al interior
Mauricio Pezo

La casa portuguesa tiene una silueta funcional que, al igual que cualquier casa, luego se construye con maderas, con ladrillos o con piedras. Asumiendo que la arquitectura portuguesa no ha podido (o no ha querido) escapar de esa tradición, al menos según lo que los críticos del mundo quieren ver en ella, su condición radical es la confirmación del modelo arquetípico de aquella figura tan básica, tan inmemorial y arcaica, que siempre termina por superar la especificidad del contexto. Ésta parece ser la paradoja del reconocido contextualismo portugués: las formas de la arquitectura son modestas por necesidad. En su carácter sereno, discreto y antimonumental descansa esa sensación familiar y a la vez genérica, universal pero específica. Los grandes héroes de la arquitectura portuguesa han sabido mirar esa facilidad, medio ignorante y medio docta, de las construcciones populares. Por eso no sirve tanto mirar lo que estos maestros han hecho, sino aquello que han visto, como diría otro maestro mexicano. Es en este nudo disciplinario donde pareciera asentarse la obra de Ricardo y Joana; en una producción que busca que las cosas sean lo que siempre han sido pero que duda al hacerlo, que hace colapsar los prejuicios de la propia tradición.

Exposiciones

RCJV (Portugal)
A Room for Mexico City

"The Room is the Place of the Mind. In a small room one does not say what one would in a large room," stated Louis Kahn. The proposal of RCJV consists of building a room that floats in the middle of the LIGA exhibition space. Inside, a unique and unpublished atlas: a book that assembles images of places, objects, elements and buildings that narrate the careers of Ricardo Carvalho and Joana Vilhena.

A Way of Questioning
Manuel Aires Mateus

With the passing of time I have come to defend the idea that architecture works primarily on the formulation of a question. In this sense, to work with a degree of freedom without knowing where the finish line is (although freedom at the point of departure is guaranteed) can be assumed as profound research into the mastering of space, matter and its limits. The question posed—in the case of architecture—reveals itself in the first instance as generic and later becomes specific.

Within the classical Western tradition that we have inherited, there is a specific relationship established with knowledge, based precisely on the idea of exploring the question itself. This way, philosophical and scientific research allowed (and still allows) access to knowledge. Here, In their mode of asking questions, I find a connection with the work of architects Ricardo Carvalho and Joana Vilhena. Their way of operating consists of developing the question without generating an impasse or a commitment to a particular way of doing architecture, or a recurrent method of formalization. I find it interesting that these two architects can escape the logic of a specific way of doing, present from the beginning, expected from the very start. I find such a possibility in the work of these architects.

Exit to the Interior
Mauricio Pezo

The Portuguese house has a functional silhouette that—like any other house—is then built with wood, bricks and stones. Assuming that Portuguese architecture has not been able (or willing) to escape this tradition, at least according to what international critics want to see in it, its radical condition is the confirmation of the archetypical model, of this basic figure, so immemorial and archaic, that always ends up overcoming the specifics of the context. This seems to be the paradox of the renowned Portuguese Contextualism: the architectural forms are modest out of necessity. In their serene, discrete and anti-monumental character lies its familiar and at the same time generic sensation, universal yet specific. The great heroes of Portuguese architecture have known how to observe the skill, half naïve and half scholarly, of traditional building. That is why it is not so useful to see what these masters have done but what they saw themselves, as another Mexican master puts it. It is in this knot of the discipline that the work of Ricardo and Joana seems to sit; in a production that seeks to keep things the same as ever, but doubting whether or not to carry it out, causing the prejudices of tradition to fall apart.

Exhibitions

MMX (México)
Coexistencias

MMX reflexiona sobre la escala, el contenido y la frecuencia al replicar y multiplicar el espacio de LIGA en el Museo de Diseño y Moda de Lisboa (MUDE). Esta área cabe 30 veces en los 561 m² de la sala del MUDE, por lo que la propuesta equivale a presentar el trabajo de 30 estudios. El mismo volumen físico que se conseguiría con ocho años de programación.

Relecturas del laberinto cartesiano
Pablo Landa

La sede de LIGA en la Ciudad de México ocupa 16 m² de un edificio diseñado por Augusto Álvarez y Juan Sordo Madaleno, dos de los arquitectos más emblemáticos del movimiento moderno mexicano. Según sus descendientes profesionales, a Álvarez y Sordo no les interesaba la teoría. Su trabajo consistía en hacer dibujos precisos —siempre regidos por un módulo base— que permitieran su fácil traducción del papel al acero y concreto. En palabras comunes entre los arquitectos mexicanos, a sus edificios "no les sobra ni les falta nada". Se trata de formas "honestas" que "parecen lo que son": no buscan expresar nada más allá que su condición como ensamblajes de materiales y contenedores de un programa.

Como parte de su participación en la Trienal de Lisboa, LIGA invitó al taller MMX a realizar una instalación en el MUDE (Museo de Diseño y Moda en Lisboa), en una galería de 561 m². Los integrantes de MMX se formaron en escuelas y con arquitectos que mantienen vivo el movimiento moderno. Cuando explican su obra usan palabras similares a las de sus maestros y comparten con ellos estrategias de diseño. En buena medida (la sucesión apostólica sería fácil de establecer) MMX forma parte de la tradición que tiene a Álvarez y Sordo como profetas.

Así, el trabajo de MMX sigue un proceso que da inicio con ejercicios y conversaciones entre sus cuatro socios que conducen a un concepto e idealmente terminan con su construcción. El concepto es a menudo un módulo que se repite e integra sistemas espaciales y estructurales. En el caso de la instalación en Lisboa, el módulo base es el perímetro de la planta de la sede de LIGA, el cual, dispuesto como las losetas de un piso, se repite 30 veces. Las piezas con cinco aristas embonan perfectamente; la propuesta apunta al rigor de las geometrías de Álvarez y Sordo.

Sin embargo, el despliegue de la obra en tres dimensiones complica la identificación de MMX con el movimiento moderno. En elevación, el módulo es una cinta de fieltro que cambia de espesor y posición; contiene espacios, traza recorridos y enmarca o cierra vistas. En cada punto de la sala, la instalación ofrece una experiencia espacial distinta. La galería se convierte así en un laberinto con múltiples destinos y trayectos. La obra —sin programa— expresa más que su estructura y proceso de construcción. Quien recorre los vacíos entre las cintas rojas puede enlazar, proyectar, vislumbrar y trazar, en palabras de Michel de Certeau, geografías poéticas "sobre la geografía de lo literal". Con la instalación de MMX, el MUDE y LIGA a la vez se conectan y se abren a otros espacios.

MMX (Mexico)
Coexistences

MMX reflects on scale, content and frequency by replicating and multiplying the LIGA gallery space in the Museum of Fashion and Design in Lisbon. This fits 30 times into the 561m² of the MUDE gallery, meaning that the project is equivalent to presenting the work of 30 different studios. The same physical volume would take eight years of exhibition programming to fill.

Readings of the Cartesian Labyrinth
Pablo Landa

LIGA's exhibition space in Mexico City occupies 16m^2 in a building designed by Augusto Álvarez and Juan Sordo Madaleno, two of the most emblematic architects of Mexico's modern movement. According to their professional offspring, neither Álvarez nor Sordo cared about theory. Their work consisted of sketching precise drawings—always based on a modular grid—that could be easily translated from paper into steel and concrete. In expressions common among Mexican architects, their buildings "lack nothing and have no superfluous elements." They are composed of "honest" shapes that "are what they seem": they express nothing beyond their condition as structural assemblages and containers of a program.

As part of their project for the Lisbon Trienniale, LIGA invited the architectural firm MMX to do an installation in a 561m^2 gallery at MUDE (the Museum of Design and Fashion of Lisbon). The members of MMX were educated in institutions and by architects that keep the modern movement alive. When explaining their work they use similar words to those of their teachers and they share with them certain design strategies. In large measure (the apostolic succession would be easy to establish) MMX is part of a tradition that holds Álvarez and Sordo as prophets.

Hence, the work of MMX follows a process that begins with exercises and conversations among its four members that lead to a concept and ideally end with its construction. The concept is frequently based on a module that, multiplied, integrates spatial and structural systems. In the case of the Lisbon installation, the module is the perimeter of LIGA's floor plan, which is repeated thirty times and arranged like a pattern of floor tiles. The pieces, with five edges each, fit together perfectly; the proposal calls attention to the geometrical rigor of Álvarez and Sordo's work.

Nevertheless, the three-dimensional arrangement of the work complicates the association of MMX with the modern movement. Seen in elevation, the module is a felt band that changes in thickness and position; it contains spaces, traces paths, and frames or obstructs views. From each point in the room, the installation offers a different spatial experience. Hereby, the gallery is transformed into a labyrinth with multiple trails and destinies. The work—without a program—expresses more than its structure and construction process. Those who traverse the voids between the red tapes can establish, design, glimpse and sketch out—in the words of Michel de Certeau—poetic geographies "on top of the geography of the literal." Through MMX's installation, MUDE and LIGA are connected to each other and they open up to other spaces.

Exhibitions

DIEGO ARRAIGADA (Argentina)
Mirar adentro, mirar afuera

Para su intervención en LIGA, Diego Arraigada parte de las dos ventanas que conectan la galería con su entorno urbano. A través de una estructura de metal que une ambas aberturas, el arquitecto establece un cortocircuito espacial, volviendo innecesario el cristal que separa el espacio expositivo de la ciudad. Arraigada perfora el edificio y pone en tela de juicio la definición básica de adentro y afuera.

Mirar afuera
Mark Lee

Un hagioscopio es una apertura arquitectónica oblicua hecha en una pared o columna del presbiterio de una iglesia para permitir que los fieles, o quienes no pueden ver el altar, logren ver a quien predica la misa. Llamados *squint* en Inglaterra, los hagioscopios también se conocían como "ventanas para leprosos", pues la apertura en la pared externa permitía que los leprosos y otros marginados pudieran ver la misa sin entrar en contacto con el resto de la congregación. Un hagioscopio, a diferencia de las ventanas que permiten el paso de la luz, el aire y los sonidos, tiene la única función de permitir que el excluido pueda ver.

La instalación de Diego Arraigada en LIGA titulada *Mirar Adentro, Mirar Afuera* es una continuación del linaje arquitectónico del hagioscopio arquitectónico. Principalmente consiste en un cuerpo hueco que conecta las dos ventanas existentes a través de la esquina interior de la galería; su forma trapezoidal y facetada es el resultado de la negociación entre las ventanas. Por fuera, la pieza transforma la esquina exterior mediante la eliminación del cristal y la creación de una superficie lisa y continua que introduce las superficies de ambas fachadas exteriores hacia el interior del nuevo vano. Desde la calle, éste lleva la mirada hacia el interior y de nuevo hacia afuera. Como el efecto que genera una botella de Klein o una banda de Moebius, el acto de mirar desde afuera hacia adentro, sólo para mirar hacia afuera de nuevo, produce un cortocircuito en la lógica de la típica apertura arquitectónica. En contraste con el exterior, las superficies del nuevo cuerpo dentro de la galería parecen ser irregulares y discontinuas. Como una versión invertida de la arquitectura brutalista, la estructura interior es la que se deja expuesta e inconclusa, como la parte trasera de una escenografía: los apuntalamientos y bambalinas interiores (que hacen posible el efecto exterior abstracto) se dejan tal como son.

DIEGO ARRAIGADA (Argentina)
Looking in, Looking out

For his LIGA intervention, Diego Arraigada starts out with the two windows that connect the gallery with its urban surroundings. With a metal structure that connects both windows, the architect establishes a spatial short-circuit that renders superfluous the glass separating the exhibition space from the city. Arraigada perforates the building and calls into question the basic definition of inside and outside.

Lookout
Mark Lee

A hagioscope is an oblique architectural opening through a wall or pier in the chancel of a church which enables the worshippers, for whom the altar was not visible, to see the host during mass. Also known as a squint in England, hagioscopes were sometimes referred to as "leper windows" where an opening was made in an external wall so that lepers and other non-desirables could see the service without coming into contact with the rest of the congregation. More specific than a window, which allows for the passage of light, air, and sound, a hagioscope performs the sole function of looking through and providing visual access where a condition of separation is in place.

Diego Arraigada's installation titled "Looking in, Looking out" at LIGA follows the lineage of the architectural hagioscope. Primarily consisting of a hollow volume that connects the two existing windows across the interior corner of the gallery, the trapezoidal and faceted form is a resultant of the negotiation between the existing windows. On the outside, the piece transforms the exterior corner by the removal of the glazing and the creation of a smooth and continuous surface from the exterior wall through the inside of the new window. From the street, the gaze is carried through the interior and out again. Like the effect of a Klein bottle or a Mobius strip, the act of looking in from the outside only to be looking outside again produces a short circuit in the logic of the standard architectural aperture. In marked contrast to the exterior, the surfaces inside of the new body inside the gallery seem to be rough and discontinuous. An inside-out version of Brutalist architecture, the interior construction is left exposed and unfinished like the back of a stage set; the behind-the-scenes underpinnings that make possible the abstract exterior effect are left just as they are.

MAPA (Uruguay/Brasil)
Espacios en espacios

La oficina binacional MAPA emplea una retícula de polines de madera como estrategia para hacer presente y tangible el espacio de la galería. Como en la tipología de la sala hipóstila, esta distribución de elementos contiguos ocasiona una experiencia espacial intensificada. Cada una de estas columnas verticales alberga además en su interior una pequeña maqueta de una escena cotidiana.

Sobre MAPA en LIGA
Angelo Bucci

Existe un rasgo cultural que signa como una marca de nacimiento a todos los países de América del Sur. Una herencia terrible por la cual la condición de miseria económica, proveniente del pasado colonial, se extiende de manera absurda al campo cultural. Ese rasgo imprimió en los países una deformación de abordaje que se caracteriza por una mirada verticalizada: se mira para arriba con envidia, para abajo con desprecio y no se mira a los lados por nada del mundo. Así es que durante más de 500 años hemos cultivado un patrón cultural establecido y fijado en el modelo, digamos, europeo. Al mismo tiempo, hemos alimentado un desprecio sistemático por los valores culturales vecinos, además de los propios. Este rasgo fue insuperable durante más de 500 años. Por lo tanto, es notable que hoy, de manera sorprendente, se hayan multiplicado las señales que anuncian un cambio cuyo objetivo es el de superar ese desprecio. Esto se hace manifiesto en la amplitud del diálogo y en el creciente intercambio, de manera destacada una vez más, entre estudiantes y jóvenes arquitectos de países vecinos de América del Sur.

Ésta es la bandera de MAPA: un estudio de matriz cultural híbrida, formado por jóvenes arquitectos uruguayos y brasileños. Ellos mismos reconocen que comparten cuestiones comunes y suman el repertorio generado en uno y otro contexto para responder a las demandas. Desde su alienación dan pruebas de tener arsenal para un diálogo capaz de sumar fuerzas, incluso en algo que hasta ahora era doblemente despreciado. Testifican que están recorriendo un camino para superar aquel legado de una mirada cultural verticalizada.

Pensar una obra de arquitectura no es lo mismo que pensar una obra de arte para una exposición. En este sentido, un arquitecto no es un artista. Por lo tanto, la invitación para participar en una exposición en la que la

obra se exponga de modo similar a una obra de arte, un arquitecto la enfrenta como un desafío o, mínimamente, como una alerta: la de no confundir el propósito de su profesión. En otras palabras, es necesario encontrar el recorte adecuado, hacer de la obra una exposición de motivos, de valores, una especie de comentario sobre su propio proceso de pensar la arquitectura. Este recorte es de notable acierto en la muestra propuesta por MAPA para LIGA.

MAPA (Uruguay/Brazil)
Spaces within Spaces

The binational practice MAPA employs a lattice of wooden posts as a strategy to make the gallery space present and tangible. As in the typology of the hypostyle hall, this distribution of contiguous elements creates an intensified experience of space. Each of these vertical columns also houses a scale model of a scene from everyday life.

MAPA at LIGA
Angelo Bucci

There is a cultural trait that was imprinted in all South American countries since the beginning. A terrible legacy from the colonial past, meaning that poverty is absurdly extended into the cultural sphere. This trait left these countries with a distorted approach characterized by a vertically aligned gaze: people look upwards with envy, and downwards with disdain, and never, ever look sideways. So for over 500 years we have cultivated a cultural pattern based on the European model. At the same time, we have fed a systematic disdain for both our own and neighboring cultural values. This trait remained insurmountable for over 500 years. This makes it all the more surprising that today signs proliferate that a change is underway that aims at overcoming this legacy. It is evident in the breadth of dialogue and growing levels of exchange, above all among students and young architects in the countries of South America.

countries in their proposals. They have proven their ability to engage in dialogue that emphasizes their strengths, even in a context that was doubly disdained. They bear witness to the fact they are pursuing a path to overcome that legacy of a vertical cultural outlook.

Planning a work of architecture is not the same as planning a work of art for an exhibition. In this sense an architect is not an artist. Therefore, the invitation to take part in an exhibition in which the work is displayed in a similar manner to a work of art represents a challenge for an architect, or at the very least a warning: not to get confused about the purpose of the profession. In other words, it is necessary to find the right approach, and to make the work a declaration of motives and values, a form of commentary on the architect's own processes in thinking about their profession. This approach hits the target in MAPA's proposed show for LIGA.

This is the banner adopted by MAPA: a studio with hybrid cultural roots, formed by young Uruguayan and Brazilian architects. They acknowledge their shared interests and bring together the experience gained from both

EMILIO MARÍN + JUAN CARLOS LÓPEZ (Chile)
El espacio entre las cosas

Obras de arquitectos como Ledoux, Palladio, Niemeyer, Hejduk o Rossi se yuxtaponen al lado de las de diseñadores como Sottsass, artistas como Brancusi, objetos cotidianos y propuestas del propio estudio chileno formado por Emilio Marín y Juan Carlos López. Todos estos proyectos se materializan en yeso de pálidos tonos pastel que unifica el lenguaje formal obviando sus rasgos particulares. Esta pequeña *wunderkammer* presenta al arquitecto como curador, coleccionista y editor.

El espacio entre las cosas
Pablo Chiuminatto

Imaginar un recorrido, los espacios, es construir. Quizá componer. Marín + López proponen un espacio y disponen en su interior otros espacios, un orden. Un gabinete de prismas, reservas de memoria en miniatura. En un giro similar a las propuestas de Georges Perec en *Especies de espacios* (1974), más bien a partir de Perec, Marín + López proyectan un teatro de objetos. Cada uno de estos volúmenes proviene, al mismo tiempo, de otro espacio, del espacio proyectado, diseñado. Una taxonomía acuciosa de formas simuladamente básicas; cada una es la proyección física de una proyección arquitectónica. Una ciudad bodegón, como una pintura de Giorgio Morandi (1890-1964), es la clasificación imaginaria de ideas modeladas, exhibidas en estratos múltiples y regulares. Pequeñas máquinas de significar ordenadas con la exactitud de un cuidadoso gigante, en la ciencia infantil de la distancia entre los objetos.

Intensificación
Juan Carlos López

Las cosas acumuladas, los recuerdos materializados. El ecosistema artificial de lo cotidiano, los objetos esparcidos y la domesticación del espacio, de la arquitectura en su estado salvaje. Las cosas son especies de belleza subjetiva, portantes de cargas simbólicas. La percepción deforme del espacio a través de los objetos personales. Un interior contenido dentro de otro. El espacio sometido, domesticado. El espacio guiado, conducido, contenido y liberado a voluntad. La nave central, inmensa, monumental y jerárquica. El espacio de sobra, el exceso de espacio. El rincón oculto detrás de lo público, la intimidad y los tipos de interior. Las profundidades de un edificio. La oscuridad inicial, la iluminación es siempre parcial, el interior no es exterior. La escena, la experiencia visual que antecede a la física, el reconocimiento instantáneo y psíquico de una imagen interior. El traslado del recuerdo infantil, de una realidad codificada emotivamente y pulida por el tiempo. Ver con la memoria, lo único real es lo percibido, la realidad se vuelve infinita.

Geografía romántica
Emilio Marín

¿Es posible pensar que fue ella la que alteró mi forma de ver, pensar y construir la realidad?, ¿que fue ella la que modificó mi genética de una manera irreversible? Recuerdo que era un lugar sin bordes, sin límites, sin códigos en todos los sentidos, en 360 grados, en lo vertical y en lo horizontal. Pero también recuerdo que al mismo tiempo era de alta definición y, a pesar del tiempo, aún lo recuerdo así. Estuve ahí 12 años de mi vida, en la mitad de la nada, a los pies de la Cordillera de los Andes, 2,150 metros de altura sobre el nivel del mar. Para ser más preciso, fueron los primeros 12 años de mi vida. Cierro los ojos y tengo la misma sensación, una y otra vez. Lo hago sin pensar, una o dos veces al día, o quizá más. La palabra no es soledad, pero no encuentro una palabra para describir la sensación o la experiencia de estar ahí, quizá simplemente no existe o quizás haya que inventarla.

EMILIO MARÍN + JUAN CARLOS LÓPEZ (Chile)
The Space Between Things

Works by architects like Ledoux, Palladio, Niemeyer, Hejduk and Rossi are juxtaposed with those of designers like Sottsass, artists like Brancusi, everyday objects and designs by the Chilean studio established by Emilio Marín and Juan Carlos López. All these projects are presented in plaster in pale pastel hues, which serves to unify the formal language and do away with individual features. This miniature *wunderkammer* presents the architect as a curator, collector and editor.

The Space Between Things
Pablo Chiuminatto

To picture a sequence of spaces in the mind's eye is to build, perhaps even to compose. Marín + López propose a space and lay out other spaces within it, an ordered arrangement. A cabinet of prisms, miniature reserves of memory. In a trope not unlike the ideas put forward by Georges Perec in *Species of Spaces* (1974)—or rather taking their cue from Perec—Marín + López project a theater of objects. At the same time, each one of these volumes originates in a different space, the designed space. A painstaking taxonomy of apparently basic forms, each of which is a physical projection of an architectural projection. A still life of a city, like a painting by Giorgio Morandi (1890-1964), is the imaginary classification of modeled ideas displayed in multiple, regular layers. Diminutive machines of meaning ordered with the precision of a careful giant, in the child's science of the distance between objects.

Intensification
Juan Carlos López

Accumulated objects, materialized memories. The artificial ecosystem of the everyday, the scatted objects and the domestication of space, of architecture in its wild state. Things are species of subjective beauty, bearers of symbolic significance. Perception deforms space through personal objects. One interior contained within another. Tamed, domesticated space. Space that is guided, led, contained and liberated at will. The central nave, immense, monumental and hierarchical. The surplus space, the excess space. The hidden corner behind the public space, privacy and types of interior. The depths of a building. The initial darkness, the lighting always partial, the interior is not exterior. The scene, the visual experience that precedes the physical one, the instantaneous and psychic recognition of an inner image. The transfer of the childhood memory, from an emotionally codified reality burnished by time. Seeing with the memory, all that is real is what is perceived, reality becomes infinite.

Romantic Geography
Emilio Marín

Is it possible that she was the one who altered my way of seeing, thinking and construing reality? That she was the one who modified by genetics in an irreversible way? I remember it was a place without boundaries, without limits, without codes in any sense, in 360 degrees, vertical and horizontal. But I also recall that at the same time it was in high definition, and despite the passage of time, I still remember it. I was there for 12 years, in the middle of nowhere, in the foothills of the Andes, 2,150 meters above sea level. To be more precise, it was the first 12 years of my life. I close my eyes and have the same sensation, over and over. I do it without thinking, once or twice a day, or maybe more. The word is not solitude, but I cannot find the word to describe the sensation or the experience of being there, perhaps one does not exist or needs to be invented.

ALEJANDRO HAIEK (LAB.PRO.FAB) (Venezuela)
Papeleo

Alejandro Haiek analiza los procesos burocráticos, trámites, permisos y el arsenal de copias generadas por la práctica de la arquitectura y la construcción. Las complejas superficies de papel denuncian la hipocresía y el oportunismo de la lógica legislativa que convierte materia prima en archivo muerto. La instalación transforma componentes de oficina como rollos de calculadora, clips o ventiladores de computadora en herramientas de poesía, crítica y resistencia.

Reciclaje y ensamblaje
Josep Maria Montaner

La manera de trabajar de Haiek y LAB.PRO.FAB entronca con dos fenómenos de la arquitectura contemporánea: por una parte, las vanguardias de los años sesenta y setenta y, por otra, los colectivos de arquitectos multidisciplinarios actuales.

En la obra de Haiek encuentra eco la arquitectura performativa de Cedric Price, pensada para la acción creativa de las personas, con proyectos emblemáticos y míticos como el Fun Palace (1961), y la lógica de los componentes prefabricados de Jean Prouvé. También nos recuerda algunos de los experimentos de las vanguardias del mundo del diseño, como Superstudio en Florencia o Transatlàntic en Barcelona. Se trata de propuestas pensadas para las ciudades latinoamericanas, para sus tecnologías y sus estructuras urbanas, generalizables en contextos contemporáneos de crisis social y ambiental. Es una arquitectura que lucha para reinsertar a las personas.

Esta voluntad de aunar investigación y acción sitúa a LAB.PRO.FAB en el contexto de los colectivos que han proliferado en todo el planeta; en Europa, particularmente en España y Francia, y en América, especialmente en Brasil. En París destacan las acciones del Atelier d'Architecture Autogérée (AAA), creado por los arquitectos Constantin Petcou y Doina Petrescu; y en Barcelona, las intervenciones sociales del colectivo La Col. En Latinoamérica, el grupo a77 en Buenos Aires, formado por Gustavo Diéguez y Lucas Gilardi, que ha diseñado, entre otras propuestas de didáctica social del arte, el Centro Cultural Nómade y cuyas obras se basan en la incorporación y reciclaje de objetos encontrados; y el colectivo internacional Supersudaka, dedicado a la investigación sobre arquitectura y urbanismo, con acciones e instalaciones en muy diversos lugares del planeta: Rótterdam, Caracas, Buenos Aires, Santiago de Chile o Tokio.

El cambio en las coordenadas del trabajo del arquitecto que aportan estos colectivos es bien significativo. Se transforman los dos elementos básicos tradicionales: la autoría se diluye en el proceso y en el colectivo, renunciando al predominio individualista del ego del autor; y la obra, que antes sólo se reconocía en el edificio construido, en el objeto, ahora pasa a ser un proceso, que puede concretarse en programaciones, asesorías, mediaciones, acciones reivindicativas, organización de itinerarios, talleres, rehabilitaciones, reciclajes, curadurías, ediciones, filmaciones, expresión en nuevos medios como webs y blogs, y muchas otras actividades. Estos colectivos reivindican la necesidad social de la arquitectura y demuestran que puede desarrollarse en la exploración de muy diversos caminos.

ALEJANDRO HAIEK (LAB.PRO.FAB) (Venezuela)
Paperwork

Alejandro Haiek analyzes the bureaucratic procedures, red tape, permits and the arsenal of copies generated by the practice of architecture and construction. The complex paper surfaces denounce the hypocrisy and opportunism of the legislative logic that converts raw material into 'dead' archives. This installation transforms office materials such as calculator print-outs, paper clips or computer fans into tools of poetry, criticism and resistance.

Recycling and Assembling
Josep Maria Montaner

The working methods of Haiek and LAB.PRO.FAB are connected to two phenomena of contemporary architecture: on the one hand, the avant-gardes of the 1960's and 70's, and on the other, present-day multi-disciplinary architects' collectives.

Haiek's work harks back to the performative architecture of Cedric Price, intended for the creative action of people, including emblematic, mythical projects such as the Fun Palace (1961), as well as the logic of Jean Prouvé's prefabricated components. It is also reminiscent of the experiments of the avant-garde in the world of design, such as Superstudio in Florence or Transatlàntic in Barcelona. These proposals are intended for Latin American cities, suited to their technology and to their urban structures, and may be replicated in the contemporary context of social and environmental crisis. It is an architecture that fights to place people at the center of things.

This effort to bring together investigation and action situates LAB.PRO.FAB in the context of the collectives that have proliferated across the planet: in Europe, especially in Spain and France; and in the Americas, especially in Brazil. In Paris, of note are the actions of the Atelier d'Architecture Autogérée (AAA), created by architects Constantin Petcou and Doina Petrescu; and in Barcelona, the social interventions of the La Col collective. In Latin America there is the a77 group in Buenos Aires founded by Gustavo Diéguez and Lucas Gilardi, which among other proposals for didactic social art has designed the Nómade Cultural Center, and whose works are based on incorporating and recycling found objects; and the international collective Supersudaka, focused on research into architecture and urbanism, with actions and installations in many different parts of the planet: Rotterdam, Caracas, Buenos Aires, Santiago de Chile and Tokyo.

The change in the working coordinates of the architect brought about by these collectives is highly significant. Two of the basic, traditional elements of the profession are transformed: authorship is dissolved into the process and the collective, renouncing the individualistic emphasis on the creator's ego; and the work, which was previously identified with the completed building, with the object, becomes a process that can take the form of programming, consulting, mediation, assertive action, organization of itineraries, workshops, refurbishments, recycling, curating, publishing, films, expression in new media such as websites and blogs, and many other activities. These collectives assert the social need for architecture and demonstrate that it is something that can be undertaken by exploring many different paths.

ESTUDIO MACÍAS PEREDO (México)
Convocar piedras

La artesanía y la mano de obra tienen un papel clave en la obra de Macías Peredo. En LIGA, los arquitectos de Guadalajara trabajan con el material del suelo de la galería: recinto volcánico negro; utilizan 33 toneladas de sobrantes irregulares de recinto comercial en un proceso intuitivo de pruebas de apilado, reaccionan ante "lo que la piedra les exige" y van creando soluciones estructurales sobre la marcha.

De construir con el otro
Jorge Rivera

De nuestro cuerpo aprendemos y aprehendemos el espacio. Es por ser y estar arrojados en el mundo que logramos convocar a nuestros huesos y músculos a trabajar conjugados, buscando habitar como Heidegger nos instaba: poéticamente.

Para actuar de forma ética y poética, los arquitectos reconocemos nuestra incapacidad para hacerlo solos. La amistad con el artesano nos mantiene correctamente orientados, actuando consecuentemente con el mundo. Más allá de la sustentabilidad tecnológica, es en el otro que encontramos la forma de transformar el material, el suelo y el paisaje.

Para Macías Peredo, LIGA 17
Josep Quetglas

La página en blanco no existe. El lápiz nunca emprende su camino cruzando al azar un desierto.

El lápiz se acerca al papel cargado con la memoria del último proyecto, el último dibujo, el último escrito realizado. Los hallazgos y las renuncias del trabajo ya hecho piden proseguir, buscan recuperarse, tratan de ser corregidos, seguir existiendo. También los proyectos propios no realizados, las obras de los maestros más queridos, los casos percibidos en los viajes, leídos en los libros, escuchados en conversaciones: todos ellos habitan el papel en blanco, aparentemente vacío para cualquier otro que no sea el autor que está proyectando.

El papel en blanco es el cristal trasparente donde la memoria y el presente dibujan, cada uno desde su lado, un trazo coincidente. Igual ocurre con los materiales. Sean los colores, las palabras, o las piedras, todos ellos vienen cargados con su memoria. Tarea del autor es acoger y dar lugar a cada uno.

La arquitectura está construida con la piedra, pero también, sobre todo, con la memoria de la piedra.

ESTUDIO MACÍAS PEREDO (Mexico)
Summoning Stones

Artisan and manual labor play a key role in the work of Macías Peredo. At LIGA, the Guadalajara-based architects work with the material of the gallery floor: black volcanic recinto stone. They used 33 tons of irregular leftovers from commercial quarrying in an intuitive process of testing piles of stone, reacting to "what the stone demands of them," and creating structural solutions on the fly.

On Building with the Other
Jorge Rivera

We learn from our body and we apprehend the space. It is by being and being thrown into the world that we succeed in summoning our bones and muscles to work together, seeking to inhabit as Heidegger exhorted us: poetically.

To act ethically and poetically, we architects acknowledge our inability to act alone. The friendship with the craftsmen keeps us facing in the right direction, acting in concordance with the world. Beyond technological sustainability, it is in the other that we discover how to transform the material, the soil, and the landscape.

For Macías Peredo, LIGA 17
Josep Quetglas

There is no such thing as the blank page. The pencil never embarks on its journey across a desert at random.

The pencil approaches the page bearing the memory of the most recent project, drawing, or text. The discoveries and rejections of the work already accomplished ask to be continued, to be taken up again, to be corrected, to carry on existing. So too do those unrealized projects of one's own, and the works of our dearest teachers, those seen on journeys, read about in books, heard of in conversations: all these swarm on the blank page that is apparently empty for anyone else but the one designing.

The blank page is the transparent sheet of glass where memory and the present draw, each from their own side, a matching line. The same occurs with materials. Whether it be colors, or words, or stones, all come bearing their memories. It is the task of the designer to take in and find space for each of them.

Architecture is built with stone, but also, and above all, with the memory of stone.

TACOA (Brasil)
Jardineira

Para el estudio de São Paulo, TACOA, toda acción arquitectónica es una acción urbana. Siguiendo este criterio, Rodrigo Cerviño y Fernando Falcón reemplazan las fracturadas y desgastadas jardineras de la esquina de Avenida Insurgentes, donde se encuentra LIGA, por una plataforma inclinada, mitad banca, mitad jardinera, que sale de la costra urbana como una placa tectónica.

El subibaja inmóvil
Guilherme Wisnik

¿Cómo exponer un proyecto de arquitectura o de urbanismo? ¿Cómo romper la barrera entre realidad y representación que normalmente aprisiona las exposiciones de arquitectura en un dominio eminentemente contemplativo? Ésas son algunas de las preguntas que parecen orientar la propuesta del despacho paulistano TACOA para el proyecto de instalación en el espacio LIGA en la Ciudad de México.

De entrada, me parece muy positivo el hecho de que la propuesta parta de preguntas y no de respuestas a un problema dado. Sabemos que hoy, en un tiempo en que las imágenes de las obras y los proyectos llegan de manera instantánea y en grandes cantidades a través de internet, las exposiciones de arquitectura están sufriendo un proceso de reinvención. Además, hay también un problema de base. A diferencia de las exposiciones de arte, en las cuales el público se encuentra delante de las obras mismas de forma física, en las exposiciones de arquitectura estamos invariablemente delante de representaciones de las obras (fotos, diseños, maquetas, videos, etc.) Por ello, muchas veces, esas exposiciones parecen gigantescos libros.

Conscientes de esta problemática, los arquitectos de TACOA prefieren aprovechar la ocasión para actuar concretamente en el mundo, esto es, en el espacio exterior de la ciudad, recalificándolo. He ahí la elocuencia de la acción: el espacio de exposición permanece vacío, convirtiéndose en un escaparate privilegiado donde puede mirarse hacia el exterior. Por lo tanto, ciudad y galería se invierten; ahora la exposición de arquitectura ya no se distingue de una obra arquitectónica real. O mejor, se distingue de manera delicada a medida que crea un lugar de observación de la obra. La exposición es la creación de condiciones propicias para una mirada que va de adentro hacia afuera. Fuera de allí, sin saberlo, las personas pasan por la calle y eventualmente se sientan a fumar un cigarro sobre un largo banco-jardinera creado por los arquitectos, un mobiliario público simple, pero inquietante, que se añade a la ciudad.

TACOA (Brazil)
Planter

For the São Paulo-based studio TACOA, every architectural action is an urban action. In line with this criterion, Rodrigo Cerviño and Fernando Falcón replaced the cracked and worn-out planters of the corner of Insurgentes Avenue where the LIGA gallery is located with a sloping platform that is half bench, half planter, and which projects wildly from the urban crust like a tectonic plate.

The Immobile Seesaw
Guilherme Wisnik

How to exhibit an architectural or urban project? How to break down the barrier between reality and representation that normally imprisons architecture exhibitions in an overwhelmingly contemplative mode? These are some of the questions that seem to guide the São Paulo-based firm TACOA for their installation project at the LIGA gallery in Mexico City.

Straight away, I find it refreshing that their project is based on questions, rather than seeking to provide answers to a set problem. It is self-evident that today, when images of works of architecture can be transmitted instantly in abundance via the Internet, exhibitions about architecture are having to reinvent themselves. In addition, they have to deal with a fundamental challenge: unlike art exhibitions, where the audience comes face-to-face with the physical works themselves, in architecture exhibitions we invariably encounter representations of the works (photographs, plans, models, videos, and so on). As a result, these exhibitions frequently resemble enormous books.

Well aware of this problem, the TACOA architects prefer to avail of the opportunity to carry out a concrete action in the world: one that resignifies the city's outdoor space. This is the eloquence of their action: the exhibition space appears empty, turning it into a privileged window for looking out onto the world. As a result, city and gallery are inverted, and the architecture exhibition can no longer be distinguished from a real work of architecture. Or to put it another way: it is subtly distinguished insofar as it creates a site for observation of the work. The exhibition consists of the creation of favorable conditions for a gaze that looks from the inside out. Outside, without being aware of it, passersby might happen to sit down for a smoke on the long bench and planter the architects have placed there, a simple yet unsettling addition to the urban furniture.

Exhibitions

LLONAZAMORA (Perú)
Gramática

La instalación *Gramática*, de Llonazamora, es una invitación a reorganizar una colección de elementos de la arquitectura republicana de Lima. El estudio peruano reproduce en madera una selección de arquetipos que van desde cuartos hasta escaleras y balcones. Llonazamora disecciona edificios limeños en sus elementos básicos, para reubicarlos sobre una estructura metálica, con el objetivo de explorar nuevas conexiones y espacialidades.

Simplemente simple
Francisco Díaz

La arquitectura contemporánea pareciera encontrarse en una tensión crítica. En un extremo, la especulación inmobiliaria amenaza su autonomía y, por el otro, el arte puro la fuerza a abandonar su aspiración social. Este dilema ha causado cierto pavor en la profesión, sobre todo en un mundo global que desestabiliza el lugar que antiguamente la arquitectura tenía en la esfera social. En ese escenario, la respuesta del gremio ha consistido en reforzar el papel del arquitecto como garantía de la importancia de su disciplina, confiando en que sean las figuras carismáticas las que permitan recuperar el lugar de la arquitectura como "primer arte". Así, en un mundo en que el diálogo con otras esferas es una exigencia, el arquitecto parece obligado a exagerar la importancia de su trabajo con discursos complejos o bien a imponer el aura del autor para materializar su visión del mundo.

En un contexto así es contraintuitivo resistir la tentación de sobrevalorar el talento autoral, apostando, en cambio, por hacer que las cosas parezcan más simples de lo que son. Como la arquitectura en sí ya es lo suficientemente compleja de realizar, hacer que parezca simple no es un ejercicio fácil. Ello implica, de hecho, distinguir entre la simplificación (la reducción artificial de las variables en juego), la síntesis (la conclusión forzada del problema por medio de un proyecto) y la articulación (el ordenamiento subjetivo de las variables en función de un argumento).

Si hay algo que sorprende de Llonazamora es justamente la capacidad que tiene para hacer fácil lo difícil. Sin sobreestimar sus capacidades —ni tampoco caer en simplificaciones ni síntesis— esta oficina peruana ha logrado articular una carrera con base en una serie de principios capaces de definir un campo de juego en el que se mueve con total soltura.

LLONAZAMORA (Peru)
Grammar

The installation *Grammar* by Llonazamora is an invitation to reorganize a collection of elements taken from the Republican-era architecture of Lima. The Peruvian studio reproduces in wood a selection of archetypes that range from rooms to staircases and balconies. Llonazamora dissects Lima's buildings into their basic elements, which are then placed into a slender metal structure, with the objective of exploring new connections and spatial forms.

Simply Simple
Francisco Díaz

Contemporary architecture seems to have reached a point of critical tension. On the one hand, real estate speculation threatens its autonomy and, on the other, "pure" art forces it to abandon its social aspirations. This dilemma has given rise to a certain fear among architects, especially in a globalized world that destabilizes the position that architecture once held in the social sphere. In this scenario, the response has consisted of reinforcing the role played by the figure of the architect as a guarantor of the significance of their discipline, trusting that charismatic figures will restore architecture's place as the 'first art.' Thus, in a world where dialogue with other spheres is a must, the architect seems obliged to exaggerate the importance of his work with complex discourses, or to impose his aura as an auteur to materialize his vision of the world.

In this context, it is counter-intuitive to resist the temptation to overestimate authorial talent, opting instead to make things seem simpler than they are. As architecture itself is already complicated enough to pull off, making it seem simple too is no easy task. In fact, this implies distinguishing between simplification (the artificial reduction of the variables involved), synthesis (the forced conclusion of the problem through a project), and articulation (the subjective ordering of the variables in terms of an argument).

If there is something surprising about Llonazamora then it is precisely their ability to make the difficult appear simple. Without overestimating their abilities—nor oversimplifying or summarizing—this Peru-based practice has managed to develop a career based on a series of principles capable of defining a field in which they move with consummate ease.

NICOLÁS CAMPODONICO (Argentina)
Alternativas simultáneas

La propuesta del arquitecto argentino Nicolás Campodonico consiste en una pieza de lámina de acero de espejo en forma de ángulo agudo. *Alternativas simultáneas* hace referencia a las diversas opciones de percepción espacial ofrecidas por el reflejo acuoso del acero y, al mismo tiempo, se remite a las 20 instalaciones que a lo largo de cinco años han ocupado el espacio dejando su impronta invisible.

Alternativas simultáneas
Nicolás Campodonico

Mis primeros recuerdos en relación con la arquitectura se refieren más a lo que estaba oculto que a lo que podía ver. En mis exploraciones por el barrio de mi infancia había algunos muros que separaban la calle de los predios, y éstos encerraban patios con árboles y vegetación que se asomaba por encima de ellos. Recuerdo vívidamente la sensación de inquietud, de profunda curiosidad que me producían día tras día estos lugares vedados.

La intervención en LIGA pone en práctica una serie de acciones de transformación del sitio con el objetivo de producir una dilación en el tiempo y en el espacio de la percepción del acontecimiento. La otrora línea visual entre ambas ventanas se ve ahora interceptada por un dispositivo que reproduce imperfectamente el paisaje urbano al tiempo que multiplica el espacio y crea nuevos lugares.

Construir multiplicidad
Gustavo Adolfo Carabajal

Una *ventana* es siempre la ocasión de imaginar un *lugar* de observación, un punto de vista privilegiado para ver las cosas que se encuentran fuera de nosotros, como espectáculo. Es un elemento de la arquitectura que nos permite aferrarnos, desde el lugar donde estamos, a todo aquello que nos rodea. Si se vive de esta manera, el reconocimiento de lo sorprendente en la realidad se transforma en el *tema* principal del *quehacer* del arquitecto.

Introducir en el espacio puesto a disposición un objeto misterioso, una lámina que se pliega multiplicando y deformando, llevando y trayendo las ocasionales imágenes que se producen *más allá*, es una intuición simple, por lo tanto, emocionante. Un dispositivo efímero y único para registrar la fugacidad de la vida y experimentar el *estupor de las cosas elementales*.

Entre espacialismo y *overpainting*
Marcelo Villafañe

La propuesta de Nicolás Campodonico para LIGA oscila, en mi opinión, entre dos referencias artísticas. Son los bordes de una pieza que asume lo efímero, dinámico y etéreo de los neones de Fontana, pero con la manipulación del encuadre de Max Ernst en su collage *La alcoba del maestro*. Una nueva situación brota de la alteración de los valores originales del contexto, como con el *overpainting*, e induce a la experiencia de una realidad que ahora aparece reencuadrada y desplazada a la vez.

NICOLÁS CAMPODONICO (Argentina)
Simultaneous Alternatives

The project of Argentine architect Nicolás Campodonico comprises a sheet of mirrored steel forming an acute angle. *Simultaneous Alternatives* makes reference to the different options of spatial perception offered by the blurry reflection of the steel, and at the same time recalls the 20 installations that over five years have occupied the gallery, each leaving their invisible mark.

Simultaneous Alternatives
Nicolás Campodonico

My first memories about architecture refer more to what was hidden than to what could be seen. As I explored the neighborhood where I grew up I came across walls that concealed the properties behind them, enclosing courtyards with trees and vegetation that peeked out from above. I vividly recall that sensation of unease and deep curiosity that these forbidden spaces evoked in me. This uncertainty was filled by images of the endless spatial possibilities hidden behind these walls.

This intervention at LIGA puts into practice a series of actions to transform the site, with the aim of causing a delay in the time and space of the perception of the event. The existing line of sight between the two windows is intercepted by a device that imperfectly reproduces the urban landscape at the same time as it multiplies space and creates new places.

Constructing Multiplicity
Gustavo Adolfo Carabajal

A *window* is always an occasion for imagining a *place* of observation, a privileged point of view to see things outside of ourselves as a spectacle. It is an architectural element that enables us to grasp, from the position we are in, everything around us. Experienced in this way, the recognition of what is surprising about reality becomes the principal *theme* of the *profession* of architecture.

Introducing into this space a mysterious object, a metal sheet that is folded, multiplied, and deformed, carrying back and forth the occasional images that are produced *beyond* is a simple—and thus an exciting—intuition. An ephemeral and singular mechanism for registering the fleetingness of life and experimenting with the *stupor of elemental things*.

Between Spatialism and Overpainting
Marcelo Villafañe

In my view, Nicolás Campodónico's proposal for LIGA oscillates between two artistic reference points. They delimit the boundaries of a piece that takes on the ephemeral, dynamic, and ethereal aspects of Fontana's neon works, together with the manipulation of the framing of Max Ernst in his collage *The Master's Bedroom*. A new situation emerges from the alteration of the original values of the context, as in the case of overpainting, and invites us to experience a reality that appears both reframed and displaced at the same time.

VÃO + MARINA CANHADAS (Brasil)
Subsolanus

La exposición LIGA 21 *Subsolanus* fue resultado del primer concurso público organizado por LIGA. La propuesta ganadora consiste en un gesto invisible: transportar aire desde la azotea de un edificio de Augusto Álvarez hasta la galería a nivel de la calle. Se utilizó para ello un tubo de plástico transparente que conecta, por primera vez, los dos espacios que componen LIGA y, con ello, la escala del ciudadano y la visión panorámica de la ciudad.

Rehilete
Marta Bogéa

"Tal vez no funcione...", fue una de tantas frases dichas al sabor del viento que acompañó nuestras conversaciones. Pero "funcionar" exactamente, ¿el qué?

Lo que me intrigó desde el principio fue el deseo de construir un artilugio para insuflar el aire que viene de los vientos dominantes en la azotea, llevándolo a la pequeña sala de exposición. Atravesarla con los vientos que soplan más libres en lo alto del edificio. La sala, que se mantendrá vacía, estará "llena" de aire en movimiento.

Mas para tocar lo intangible del mundo, en este caso la variación del viento, es preciso saber moldear lo tangible. De ahí viene una de las características que más me interesan en el hacer general de la arquitectura: al lidiar con los materiales lidiamos con paisajes humanos y fenómenos naturales.

La inmensa torre membrana externa no es un fin en sí mismo, es artefacto conductor de la variedad de humores de los vientos: un día brisa fresca que renueva todo; otro, vientos que pelean dando vueltas, rememorando fuertes vendavales, grandes tornados.

VÃO + MARINA CANHADAS (Brazil)
Subsolanus

The LIGA 21 exhibition, Weather Vane, was the result of the first public competition held by the gallery. The winning proposal comprises an invisible gesture: conveying the air from the roof of a building designed by Augusto Álvarez to the gallery at street level. To achieve this a 60-cm diameter transparent plastic tube was used to connect, for the first time, the two spaces that comprise LIGA, and with them, the city dweller's scale and that of the panoramic view of the city.

Weather Vane
Marta Bogéa

"Perhaps it won't work…" was one of so many phrases said to the sound of the wind that accompanied our conversations. But what exactly would "work"?

What intrigued me from the outset was the desire to build a device to suck in the air of the prevailing winds from the roof terrace, and to channel it down to the small gallery space, which will be traversed by the winds that blow freely at the top of the building. The empty gallery will be filled by air in movement.

In order to touch the intangible aspects of the world, in this case the coming and going of the wind, it is necessary to shape what is tangible. This gives rise to one of the characteristics of the architectural profession that most interest me: by dealing with materials we deal with human landscapes and natural phenomena.

The membrane of the external tower is not an end in itself, but is rather a device that serves to conduct all the variety of the wind's humors: one day a fresh, rejuvenating breeze; the next, gusts of wind that circle and toy with each other, recalling windstorms and powerful tornadoes.

AXEL ARAÑÓ (México)
LUDENS (México)
CANO VERA (México)
DCPP (México)
TEZONTLE (México)
Exposiciones de un minuto

Durante un periodo de cuatro días, LIGA acogió una serie de exposiciones consecutivas de un solo minuto de duración dentro del espacio de la galería. Axel Arañó, Ludens, Cano Vera, DCPP y Tezontle fueron los arquitectos encargados de cada uno de estos experimentos espacio-temporales de naturaleza efímera, cuyo resultado documental desembocó en una conversación colectiva entre autores y público.

Plomada plomeada
Axel Arañó en colaboración con César Martínez

Intervención efímera y etérea que sucede en el aire, que consiste en definir dos planos perpendiculares a plomo y nivel respectivamente, mediante luz y humo en movimiento.

El humo ocupa la totalidad del espacio-volumen de la sala y los planos lo dividen a manera de dos ejes cartesianos, uno arriba y abajo, y uno al lado derecho y otro al izquierdo. La pólvora en los cohetes bailadores contribuye con la máquina de humo a llenar el espacio, dejando en los antepechos de las ventanas unas ligeras huellas de fuego, como testimonio mínimo de la acción.

Puede plomearse con cualquier material; señalar una línea directo al centro de la Tierra es algo que puede lograrse con cualquier material colgado de un hilo, pero el plomo, por ser el metal más pesado, comparte su etimología con esta acción.

Desde el principio, la vertical y la horizontal han sido determinantes en el desarrollo de la arquitectura. La intervención alude a estos dos conceptos señalados mediante dos haces de luz láser y el humo. El humo torna visibles los planos de luz y éstos, a su vez, tornan visible el humo.

Atmósfera y luz, dos naturalezas en conjunción que la arquitectura ordena y define, se hacen tangibles al prescindir de la materia sólida.

AXEL ARAÑÓ (Mexico)
LUDENS (Mexico)
CANO VERA (Mexico)
DCPP (Mexico)
TEZONTLE (Mexico)
One-Minute Exhibitions

Over a four-day period, LIGA hosted a series of consecutive exhibitions lasting just one minute in the gallery space. Axel Arañó, Ludens, Cano Vera, DCPP and Tezontle were the architects commissioned for each of these ephemeral experiments with space and time, with documented results that gave rise to a collective conversation between the works' authors and the audience.

Plummeting Plumb
Axel Arañó in collaboration
with César Martínez

Ephemeral and ethereal intervention that takes place in the air, consisting of defining two perpendicular planes using a plumb line and spirit level, through light and smoke in movement.

The smoke occupies the totality of the space-volume of the room and the planes divide it like two Cartesian axes into a top and bottom, a right and left side. The gunpowder in the rockets contributes to the smoke machine to fill the space, leaving slight traces of flame on the windowsills, a minimal testimony to action.

Any material can be used to make a plumb line, indicating a direct line to the center of the earth with any kind of object hung from a string, though the heavy metal lead (*plomo*) shares its etymology with this action.

From the outset the vertical and the horizontal have been decisive in the development of architecture, and the intervention alludes to these two concepts through the use of two laser beams and smoke. The smoke makes visible the planes of light, and these in turn make the smoke visible.

Atmosphere and light, two natures in conjunction that architecture orders and defines, make themselves tangible without solid material.

LIGA 11
RCJV
11.2013–01.2014
pp. 26-31

LIGA 12
MMX
11.2013–02.2014
pp. 32-37

LIGA 13
DIEGO ARRAIGADA
02–05.2014
pp. 38-43

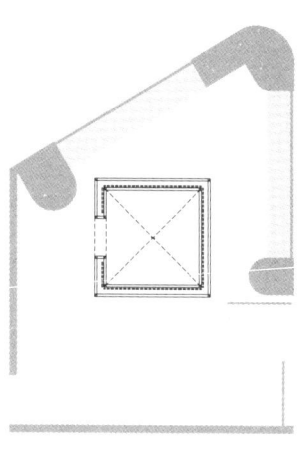
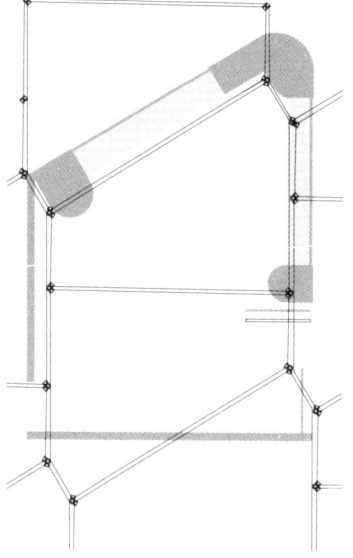
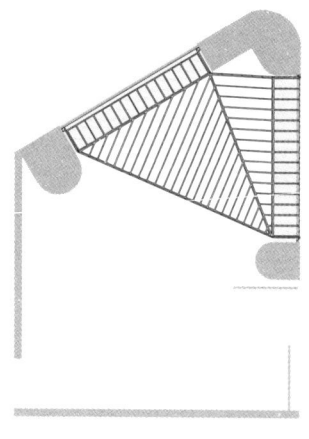

LIGA 14
MAPA
05–08.2014
pp. 44-49

LIGA 15
EMILIO MARÍN +
JUAN CARLOS LÓPEZ
08–11.2014
pp. 50-55

LIGA 16
ALEJANDRO HAIEK
(LAB.PRO.FAB)
11.2014–01.2015
pp. 56-61

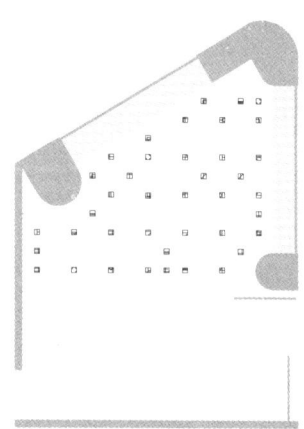
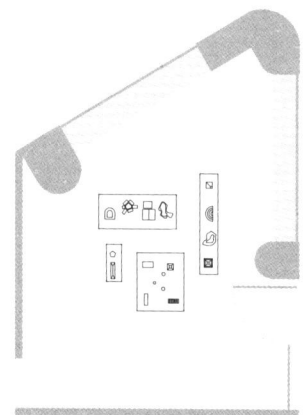
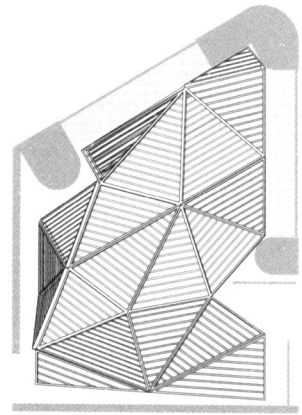

LIGA 17
ESTUDIO MACÍAS PEREDO
02–05.2015
pp. 62-67

LIGA 18
TACOA
05–08.2015
pp. 68-73

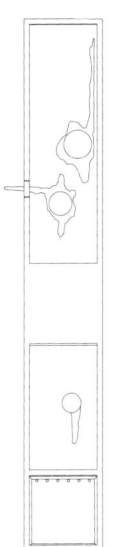

LIGA 19
LLONAZAMORA
08–11.2015
pp. 74-79

LIGA 20
NICOLÁS CAMPODONICO
11.2015–02.2016
pp. 80-85

LIGA 21
VÃO + MARINA CANHADAS
02–04.2016
pp. 86-91

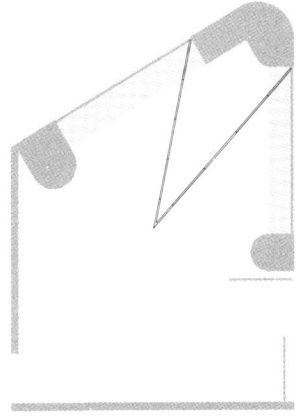
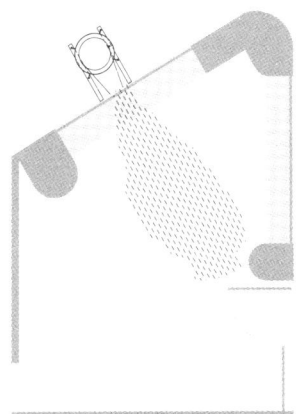

LIGA 22
AXEL ARAÑÓ, LUDENS,
CANO VERA, DCPP, TEZONTLE
06.2016
pp. 92-97

0"

60"

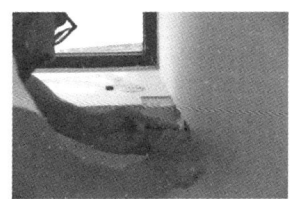 

 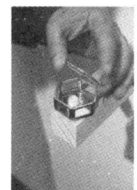 

 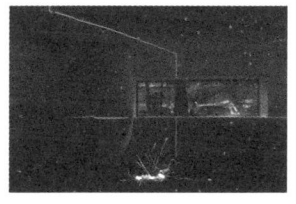

Lecciones sobre escala y perspectiva
[Lessons on Scale and Perspective],
Luc Deleu, Gante [Ghent], 1986.

Desde finales de los años setenta, el arquitecto belga Luc Deleu (T.O.P. Office) estuvo trabajando en "Lecciones sobre escala y perspectiva". En 1986, mandó colocar dos torres de energía en una gran plaza en la ciudad de Gante para experimentar sus dimensiones de una manera diferente. Según el arquitecto, la investigación comenzó cuando visitó las secuoyas en California, al ver a uno de estos enormes árboles tirado en el suelo.

> Since the end of the 1970s, Belgian architect Luc Deleu (T.O.P. Office) has worked on "Lessons on Scale and Perspective." In 1986 two electricity towers were placed in a large square in the city of Ghent to experience their dimensions in a different way. According to the architect, his research began when he visited the sequoias in California, when he saw one of these enormous trees lying on the ground.

Teatro Doméstico [Domestic Theater]
Aldo Rossi, Milán [Milan], Italia [Italy], 1986.

El Teatro Doméstico fue diseñado por Aldo Rossi y M. Schreuer como parte de la Exposición Diseño Doméstico en la XVII Trienal de Milán en 1986. La instalación fue concebida como un modelo en corte de una casa, dispuesta como una casa de muñecas absurda y fuera de escala, en el rellano de una escalera. El teatral escenario incluía gigantes teteras y cafeteras que hacían las veces de utilería diseñada por Alessi.

    The Domestic Theater was designed by Aldo Rossi and M. Schreurer as part of the Domestic Design Exhibition at the 17th Milan Triennale in 1986. The installation was conceived as a sectional model of a house, placed as an absurd out-of-scale doll house on the landing of a staircase. The theater-like stage set was accompanied by giant tea and coffee pots as stage props by Alessi.

| INTERLUDIOS INDISCIPLINADOS | UNDISCIPLINED INTERLUDES |

- 108 TEATRO OJO
- 114 RAMIRO CHAVES
- 120 JOSÉ ARNAUD-BELLO
- 126 PABLO LÓPEZ LUZ
- 132 JOSÉ LEÓN CERRILLO
- 138 ADRIANA LARA

El ciclo de *Interludios Indisciplinados* exploró las relaciones que se originan entre la arquitectura y otras disciplinas. A través de la obra de autores invitados que trabajan con teatro, video, instalación, fotografía, escultura o *performance* se propusieron eventos con formato de acciones dinámicas.

Los encuentros de este ciclo fueron intervenciones que permitieron a los autores poner a prueba y expandir su propia práctica, más que exponer un trabajo ya acabado. Metodologías analíticas, reflexivas y creativas semejantes a los procesos de proyección arquitectónica, definieron el trabajo de los protagonistas de cada Interludio. Al mismo tiempo, ellos trajeron consigo otras aproximaciones a las cuestiones espaciales y urbanas que nos ocupan.

The *Undisciplined Interludes* cycle explored the relationships created between architecture and other disciplines. Through the work of guest artists who work with theater, video, installation, photography, sculpture, and performance, a series of events taking the format of dynamic actions were proposed.

The events in this cycle were interventions in themselves which allowed the artists to test and expand their practice, rather than exhibiting a finished piece. Creative, analytical and thoughtful methodologies—similar to architectural design processes—defined the work of the protagonists of each Interlude. In addition, they contributed different approaches to the spatial and urban issues at hand.

Teatro Ojo
Suspensión de actividades

¿Qué cosa es el recuerdo de un recuerdo?
¿Qué cosa es el recuerdo de un olvido?
    San Agustín

1.   ¡Esto ya lo había vivido!…
como un *déjà vu*.
Tomábamos un *Bloody Mary* en una terraza. Desde lo alto contemplábamos el naufragio. Allá, abajo, los restos de una civilización. Con las mismas piedras, quienes destruyeron aquel mundo levantaron un templo. Atrás, los modernos edificios y la plaza, "donde se da el espectáculo de los sacrificios humanos y —donde los hombres se reúnen a conversar acerca de la próxima venida de la Serpiente emplumada—".[1] La ciudad, a lo lejos, se dejaba ver, entrañable, bestial, como una gran escenografía.

2.   El término "escenografía" proviene del griego *skenographia*. *Skene* (en principio una plataforma) es un lugar efímero, que sólo existe mientras se mantiene en un "estado de excepción", cuando las leyes y las costumbres vigentes se suspenden y se abre a un tiempo-otro, el del juego, el erotismo, el ocio y el sacrificio. "La *skene* (la escena) ponía de relieve a los seres que acogía y que estaban envueltos amorosamente por su luz, a diferencia del exterior donde las cosas se disolvían en la lejanía. La *skene* tenía el encanto de las cosas frágiles, efímeras y fugitivas".[2] *Skenographia* era dibujar los telones de fondo de la escena con manchas y colores que, vistos desde lejos, producían la ilusión de cuerpos y paisaje sólidos, un engaño al ojo, pura fachada. Lo que se muestra en el teatro se mira de lejos pero no se toca, no puede tocarse. Se sabía también que los telones de fondo daban lugar a confusiones. Si se miraban desde cerca las figuras pintadas ahí, se evanecían.

1   Salvador Elizondo, *El Grafógrafo*.
2   Pedro Azara, *Arquitectos a escena*, "Luces y sombras".

Hay otra palabra que se confunde, en su origen, con *skenographia*; *Skiagraphia* (del griego *skia*, sombra...) trazar el contorno de las sombras, hacer un hueco. Vista así, la escenografía es el trato con la ausencia y el olvido, es dar lugar para invocar a los fantasmas, a lo que ya no está, negociar un espacio para evocar lo que pudo ser, hacer un hueco para recibir a los espectros de *lo que viene*, del por-venir. Es ceder al vértigo provocado por el abismo y por las sombras, desear aprehenderlas a toda costa, es lanzarse —como el griego Butes— de la terraza y naufragar.

La negra *skia* no presenta ni expone nada, tan sólo el vacío.

3. Poner nada en ningún lado[3]

Acentuar, e incluso gestar la insignificancia de lo significativo, se me aparece como una de las características principales de los distintos mecanismos y acciones involucrados en los proyectos de Teatro Ojo. La extrañeza es apenas el principio de lo que cada uno de estos mecanismos escénicos provocan. Porque al atestiguarlos, no sólo nos ha tomado por sorpresa la sorpresa, sino que un algo o, para ser más preciso, una nada se nos ha ido metiendo, y se queda allí hasta germinar en un olvido de algo que jamás podría haber pertenecido a nuestra memoria.

Vuelta esa nada olvido, quien a cuestas la lleva se convierte en aquel que sabe que no sabe, en el que perdió lo que nunca tuvo y que, justo por eso, quedará incapacitado para recuperarlo.

En efecto, hacer un hoyo en medio de algo, por ejemplo, en la memoria, trae como consecuencia hacer evidente la falta, mostrar la significancia de la incompletud. Pero venir a poner nada en ningún lado, hacer un hoyo en el vacío o poner un olvido en medio de tantos otros —como lo hace Teatro Ojo— debe juzgarse con parámetros distintos.

Mutatis mutandis, poner olvido en el olvido, no puede generar otra cosa que no sean actos mnémicos, rememoraciones que, como las paredes y las casas de la ciudad, hagan del olvido justamente eso, un hueco, una falta en medio de donde ahora hay algo.

Ortega y Gasset dice sobre la fundación de las ciudades: "La urbe o *polis* comienza por ser un hueco: el foro, el ágora; y todo lo demás es pretexto para asegurar ese hueco, para delimitar su dintorno. La *polis* no es primordialmente un conjunto de casas habitables, sino un lugar de ayuntamiento civil, un espacio acotado para funciones públicas. La urbe no está hecha, como la cabaña o el *domus*, para cobijarse de la intemperie y engendrar, que son menesteres privados y familiares, sino para discutir sobre la cosa pública. [...] He aquí la plaza".[4]

Visto así, el resultado final es completamente otro, pues si la estrategia de Teatro Ojo había sido la de hacer visible la insignificancia de lo significativo, el resultado es que por esa vía se ha manifestado la significatividad de lo insignificante.

---

3   Rodolfo Suárez, *Karpa journal of theatricalities and visual culture.*

4   Ortega y Gasset, *La rebelión de las masas.*

Teatro Ojo
Suspension of Operations

What is the memory of a memory?
What is the memory of forgetting?
    St. Augustine

1.   I have lived through this before!...
like a *déjà vu*.
We were drinking a Bloody Mary on a terrace. From above, we were looking down at the shipwreck. Down there, the remains of a civilization. With the same stones, the ones who destroyed that world raised a church. Behind it, modern buildings and the plaza, "where the spectacle of human sacrifice takes place, and where men meet to talk of the coming arrival of the Plumed Serpent."[1] In the distance the city could be glimpsed, beloved yet bestial, like a great stage-set.

2.   The term "scenography" comes from the Greek *skenographia*. *Skene* (originally a platform) is an ephemeral place, one that existed only as long as a "state of exception" lasted, when the laws and customs in force are suspended and a different time opens up, one of play, of eroticism, of leisure and of sacrifice. "The *skene* (the scene) served to highlight the beings it received and who were lovingly enveloped in its light, by contrast to the outside, where things dissolved into distance. The *skene* had the enchantment of fragile, ephemeral and fleeting things."[2] *Skenographia* meant painting the drapery at the back of the stage with patches of color that, seen from afar, produced the illusion of solid bodies and landscapes, a trompe l'oeil that was all façade. What is shown in the theater is seen from a distance but not touched, cannot be touched. These backdrops also gave rise to confusion. If seen up close, the figures painted there disappeared.
    There is another word that is confused with *skenographia; Skiagraphia* (from the Greek

1   Salvador Elizondo. *El Grafógrafo*.
2   Pedro Azara. *Arquitectos a escena*, "Luces y sombras".

skia, shadow...) meaning to trace the outline of shadows, making an empty space. Seen like this, scenography deals in absence and forgetting, it is about making space for ghosts, for what is not there, negotiating a space to evoke what could be, creating a gap to receive the ghosts of *what is to come*, of the future. It means yielding to the vertigo provoked by the abyss and by shadows, desiring to apprehend them at all cost, casting oneself—like the Greek Butes—from the terrace to be shipwrecked.

The black *skia* neither presents nor exhibits anything, apart from emptiness.

3. *Putting Nothing Nowhere*[3]

Emphasizing and managing the insignificance of what is meaningful appears as one of the principal characteristics of the different mechanisms and actions involved in Teatro Ojo's projects. The strangeness is barely the beginning of what each of these stage mechanisms give rise to. Because upon witnessing them, not only has surprise taken us by surprise, but something, or to be more precise nothing, has entered us, and remains there until it germinates into a forgetting of something that could never have belonged to our memory.

Returned to this nothingness, the one who carries it on their back becomes the one who knows they don't know, the one who lost what they never had and for that very reason, will be incapable of recovering it.

Indeed, making a hole in something, for example in memory, gives rise to exposing the fault, revealing the significance of its incompleteness. But coming to put nothing nowhere, making a hole in the void or placing forgetting in middle of so many others, as Teatro Ojo does, must be judged by different parameters.

Mutatis mutandis, placing forgetting into the forgetting, cannot generate anything other than mnemonic acts, commemorations that, like the walls and houses of the city, make forgetting just that, a hole, something missing in the middle of a place where something now exists. Ortega y Gasset wrote about the foundation of cities: "The *urbe* or *polis* began as a void: the forum, the *agora*; and everything else is a pretext for safeguarding this gap, to delimit its surroundings. The *polis* is not primordially a set of inhabitable homes, but a place of civil council, a space set aside for public functions. The *urbe* is not made, like the hut or *domus*, to offer protection from the elements and to reproduce, which are private and family matters, but rather to discuss the *res publica*. [...] Hence the plaza..."[4]

Seen from this perspective, the final result is completely different; since if the strategy of Teatro Ojo had been to make visible the insignificance of the significant, it has consequently revealed the significance of the insignificant.

---

3 Rodolfo Suárez, *Karpa Journal of Theatricalities and Visual Culture.*

4 Ortega y Gasset, *La rebelión de las masas.*

Ramiro Chaves

¡No sé cómo enfrentarme a esto!
A este texto.

Estos videos son piezas de arte crotálico.

En una fuente serena mi
morena hundió su frente.

The Geometry of the Maya. A series of moving images on how to do snakeboard and how to be amabilis and how to be a linyera.

Manuel Amabilis Domínguez (buscar en internet).

José Díaz Bolio (buscar en internet).

Todo el modernismo en un
absurdo mantenimiento.

Una serpiente observa una arquitectura
art déco neomaya finísima.

Sendi chunga handi ra, sendi chunga handi ra, sara jara super junior, sendi chunga handi ra. Happy birthday to you. Feliz cumpleaños a ti.

Jardinero del Parque Infantil Felipe Carrillo Puerto, del Parque de las Américas, sobre la arquitectura prehispánica:

"No vas a comparar, éstas son arquitecturas modernas. Las antiguas, ésas eran cabronas. Ahora puro armado hay. Lo único que tienes que tener cuidado, es ser preciso en la medida, para que puedas subir para arriba."

Casi todo esto está hecho en México.

La muerte siempre está en el centro de toda X.

(/ - _)

Alejandra Guzmán sobre la arquitectura moderna:

"Se ha hecho tan largo el camino aquí. Sólo yo sé lo que sufrí. Todo el A-mor que alguna vez te di. Sólo yo sé lo que escondí. Noche tras noche frente al espejo. Hablando sola con mi reflejo. Tanto silencio llevo por dentro. Caigo al vacío. Muero sin ti. Porque no estás aquí. Porque ya te perdí. No queda nada dentro de mi alma porque todo te lo di. Cómo vivir sin ti en este mundo gris. Esta tristeza que me envuelve, me enloquece y me castiga así. No tengo a dónde ir. Dicen que no soy la misma desde que te vi partir. Y esta abstinencia de ti. Tantas horas tantos días que ya llevo sin dormir. Alucinando tenerte aquí."

Un cuervo acecha siempre.

Todo buen video tiene que tener una escena futbolística, pájaros cantando wifi y Ortos a control remoto.

Siempre hay que hacer cosas muy lentas, con material denso e históricamente pesado, al mismo tiempo que cosas muy rápidas y arbitrarias.

No hay nada más romántico que un solo de batería de doble bombo.

X - X

Tienen tus ojos (que leen este texto ahora) un raro encanto. Tus ojos tristes como de niño, que no ha sentido ningún cariño. Tus ojos dulces, como de santo. Tus tristes ojos que tienen sabor de llanto.

We have to Let the sky fall... Let all the libraries fall.

Sexy, Free and Single (buscar en internet).

Ramiro Chaves

I don't know how to face up to this!
To this text.

These videos are works of crotalic art.

My *morena* dipped her forehead
in a serene fountain.

The Geometry of the Maya. A series of moving images on how to do snakeboard and how to be amabilis and how to be a linyera.

Manuel Amabilis Domínguez
(look up on the Internet).

José Díaz Bolio (look up on the Internet).

All of Modernism in an absurd maintenance.

A serpent observes a fine work of
neo-Mayan Art Deco architecture.

Sendi chunga handi ra, sendi chunga handi ra, sara jara super junior, sendi chunga handi ra. Feliz cumpleaños a ti. Happy birthday to you.

Gardener at the Felipe Carrillo Puerto children's playground, in the Parque de las Américas, on pre-Hispanic architecture:

"There's no comparison, this is modern architecture. In the old days, that was the real deal. Now its all reinforced stuff. The only thing you have to take care of, is to get the measurements exactly right, so you can go higher and higher."

Almost everything is made in Mexico.

Death is always there in the
middle of every X.

(/ - _)

Alejandra Guzmán on modern architecture:

"The road has become so long here. Only I know what I suffered. All the L-ove I once gave you. Only I know what I hid. Night after night in front of the mirror. Talking only with my reflection. So much silence inside. I fall into the void. I die without you. Because you're not here. Because I already lost you. There is nothing left in my soul because I gave you everything. How to live without you in this gray world. This sadness that envelops me drives me crazy and punishes me. I've nowhere to go. They say I'm not the same since I saw you go. And this abstinence of you. So many hours so many days without sleeping. Hallucinating about having you here."

A crow always hunts.

Every good video has to have a football scene, birds singing wifi and remote control Ortos.

You always have to do things very slowly, with dense and historically weighty material, at the same time as very fast and arbitrary things.

There is nothing more romantic than a double bass drum solo.

X - X

Your eyes (which are reading this text now) have a rare enchantment. Your sad eyes like a child who has never felt love. Your sweet eyes like those of a saint. Your sad eyes that taste of weeping.

We have to Let the sky fall... Let all the libraries fall.

Sexy, Free and Single (look up on the Internet).

José Arnaud-Bello
Código de conducta incivilizada y algunas aplicaciones

El tirano servil

Me encuentro en un espacio y reconozco cosas; hay huecos entre ellas, hay zonas ocupadas, espacios dentro del espacio.

Las cosas tienen un tamaño en relación con mi cuerpo; mi cuerpo se mueve entre ellas, choca con ellas. Sus formas y su tamaño me facilitan ciertas acciones, otras más resultan imposibles. Al moverme recurro a convenciones, antes he estado en lugares parecidos y he hecho ciertas cosas, he visto a la gente hacer otras, también he tenido tropiezos. He aprendido a calcular mis posibilidades, a leerlas en el espacio.

A veces imagino lo que podría hacer, pero que nunca lo intentaría en ese lugar; otras veces fantaseo con lo que haría si tuviera las capacidades motrices de una araña o si, dentro de ese espacio, la gravedad funcionara en la dirección opuesta. También estudio las cosas que hay; algunas pueden ser transformadas con mayor facilidad que otras, puedo cambiar su forma o su lugar.

Este ejercicio lo hago en cada espacio en el que entro; antes, durante y después de hacer algo en él. Ésta es la primera arquitectura, la de base, la que todos ejercemos independientemente de los estudios, los proyectos, los dibujos y las obras.

Los edificios no están hechos para mí, ni para nadie en particular; son poco más que conjuntos de espacio delimitado, subdividido, potenciado, indiferente. En el momento en que empiezan a existir se obstinan en seguir ahí, hasta que alguien con la suficiente necesidad, interés o hartazgo, junta la energía y el poder necesarios para hacer que cambien o desaparezcan. En cierto sentido, no son en nada distintos de una peña, el lecho de un río o un descampado en el bosque; existen en su propio tiempo, con su propia lógica. Tampoco son tan distintos al dinero o la tecnología, productos claramente humanos pero esencialmente indiferentes a nuestra moral o deseos.

Reconocer esta indiferencia no es lo mismo que asumir un tipo de enajenación. Si pensamos en la arquitectura como una relación entre el propio cuerpo y un contexto material —natural o construido—, la indiferencia es sólo una característica de la relación; la materia no hace distinciones, somos nosotros quienes las hacemos. Henri Bergson, filósofo francés, tenía la idea de que el desarrollo del ojo era inseparable del de la mano: si el ojo nos permite distinguir un contorno en los objetos no es porque ese contorno sea más real que muchos otros latentes en la materia, sino porque corresponde con la capacidad de nuestra mano de ejercer una acción diferenciada sobre el objeto descrito por tal contorno. Los otros contornos se vuelven innecesarios y son obviados por nuestra percepción. En ese mismo espíritu, la percepción de un espacio es inseparable de la medición de nuestro potencial de acción en él.

Cuando comparto un espacio con otras personas las variables se multiplican. Ya no sólo es mi cuerpo en un espacio, sino los modos de interacción que puedo tener con otros; las formas en que nuestros cuerpos modifican el espacio para los demás.

Cuando voy a LIGA, me encuentro dentro de un cuarto moderno, compartiendo las vistas espectaculares con otras gentes, comúnmente arquitectos. Ahí también hay sillas acomodadas en hileras, una pantalla, unos libreros, unas mesas, una jarra con agua, un bote con hielos y cervezas, unas botellas de mezcal.

Y, ¿si en vez de hablar sobre lo que he hecho o me interesa, sólo usara los elementos que ya existen para convertir nuestro estar juntos en un ejemplo de lo que tantas veces he querido tocar en otros trabajos? No sería tan novedoso como estrategia formal —Pablo Bronstein hizo algo bastante parecido en la Chisenhale de Londres— sin embargo, permite compartir una de las cosas que más me interesan dentro y fuera de la práctica de la arquitectura: la relación y mutua determinación entre una organización social y una condición espacial-material.

Menos discurso y más ejercicio. Creo que éste puede ser un buen pretexto para ejercitarnos en la primera arquitectura y hablar sobre cómo el funcionalismo es tal vez más interesante justo cuando no funciona, cuando es un incentivo para tomar una actitud activa hacia el espacio.

También puede dar lugar a hablar de otras instancias, en lo que he hecho antes y en lo que está ahí afuera: cuevas habitadas, capillas construidas colectivamente en el espacio público, ríos como plazas y la vida de edificios, como el Condominio Insurgentes,[1] que normalmente queda oculto tras la pantalla de LIGA.

---

1 José Arnaud-Bello, *Otra vida sin domingos*. Archivo de video, 2008. Disponible en: vimeo.com/138117039

José Arnaud-Bello
Uncivilized Conduct Code and Some Applications

The Servile Tyrant

I find myself in a space and I recognize things; there are spaces between them, there are occupied zones, spaces within space.

Things have a size in relation to my body; my body moves among them, collides with them. Their shape and their size help me with certain actions, and hinder others. As I move I fall back onto convention, I have been in similar places before and I have done certain things, I have seen people do others, I have also stumbled. I have learned to calculate my possibilities, to read them in space.

Sometimes I imagine what I could do, but I would never try in this place; at other moments I fantasize about what I would do if I had the capacities of a spider or if, in this space, gravity functioned in the opposite direction. I also study the things that are here; some can be transformed more easily than others, can change their shape or place.

I do this exercise in each space I enter, before, during and after doing something in it. This is the first architecture, the basic one, the one we all exercise independently of studies, designs, drawings and construction.

The buildings aren't built for me, or for anyone in particular; they are little more than clusters of demarcated, subdivided, enhanced space. At the moment they begin to exist they obstinately stay there until someone with enough need, interest or surfeit brings together the energy and power required to change or remove them. In a sense, they are in no way different from a peak, a riverbed or a clearing in a forest; they exist in their own time, with their own logic. Nor are they any different to money or technology, products that are clearly human but essentially indifferent to our morals or desires.

Acknowledging this indifference is not the same as accepting a kind of alienation. If we think about architecture as a relationship between our own body and a material surroundings—natural or built—indifference is just one characteristic of the relationship; the material makes no distinctions, it is us who do so. The French philosopher Henri Bergson had the notion that the development of the eye was inseparable from that of the hand: if the eye enables us to distinguish an outline of objects it is not because this outline is more real than many other aspects latent in the material, but because it corresponds to the capacity of our hand to carry out a differentiated action on the object described by this outline. Other outlines become unnecessary and are ignored by our perception. In a similar vein, the perception of a space is inseparable from the assessment of our potential for action within it.

When I share a space with other people the variables multiply. It is no longer just my body in a space, but the modes of interaction I can engage in with others; the forms in which our bodies modify the space for others.

When I go to LIGA, I find myself in a modern room, sharing the spectacular views with other people, usually architects. There are also chairs arranged in lines, a screen, some bookshelves, some tables, a jug of water, a bucket with ice and some beers, some bottles of mezcal.

And if instead of talking about what I've done or what I'm interested in I were to use only these existing elements to convert our being together into an example of what I have so often wanted to touch on in other work? It wouldn't be all that novel as a formal strategy—Pablo Bronstein did something fairly similar at the Chisenhale Gallery in London—however, allow me to share one of the things that most interests me both inside and outside of the practice of architecture: the relationship and mutual determination between a social organization and a spatial and material condition.

Less talk and more action. I think this may be a good pretext for practicing our first architecture and talking about how functionalism is perhaps more interesting precisely when it doesn't function, when it creates an incentive to take an active attitude towards a space.

It can also give rise to discussion of other instances, what I've done before and what is out there: inhabited caves, collectively built chapels in public space, rivers as plazas and the life of buildings, like the Condominio Insurgentes,[1] which is normally hidden behind the screen of LIGA.

1   José Arnaud-Bello, *Otra vida sin domingos*. Video. *Available at:* vimeo.com/138117039

Pablo López Luz
Neo-inca

Tejidos líticos
Sandra Rozental-UAM-Cuajimalpa

En el ombligo del mundo, reinan sin duda las piedras. Los muros que flanquean las calles angostas de la ciudad de Cusco despliegan sus geometrías líticas bajo la luz intensa del amanecer andino. Durante la Colonia, la traza de la ciudad transformó y recicló los muros de antiguas estructuras y templos dedicados a deidades prehispánicas para erguir iglesias y palacios barrocos. Hoy día, entre los callejones estrechos y las plazas majestuosas, guías de turistas ataviados de ponchos de colores revelan con sus linternas figuras de animales invisibles: pumas, llamas y serpientes hechas de enormes moles superpuestas.

Más allá de las formas zoomorfas de sus ensamblajes, las piedras de los sitios del Valle Sagrado son famosas por la profusión de ángulos que las caracterizan. En un muro de la calle Hatun Rumiyoc, yace quizá la piedra más conocida del Perú. Con sus 12 ángulos, cada uno adosado y entramado con una piedra aledaña, esta mole de diorita verde es el eslabón perfecto del tejido lítico que constituye la admirada arquitectura incaica. A unos kilómetros del centro de la ciudad de Cusco, las murallas de Saqsaywaman presumen el arte de la mampostería andina sin recurrir a mortero alguno.

La fascinación con los muros incas, como lo explica la historiadora del arte Carolyn Dean, ha sido sobre todo impulsada por los misterios en torno a su factura. A pesar de que Garcilaso de la Vega describió los edificios y sus muros de piedra sólo unas décadas después de que fueran erguidos, y de que Felipe Guamán Poma de Ayala retrató a sus artífices trabajando en su edificación, las técnicas de ingeniería y de construcción empleadas para lograr la perfecta superposición de las piedras quedaron olvidadas en la estela de la violencia de la Conquista.

El misterio hace la fama. Nadie, ni entonces ni hoy, sabe a ciencia cierta cómo los incas lograron mover, levantar y montar estas enormes piedras, cada una de las cuales pesa toneladas. Al enigma tecnológico se sumaron las fantasías de poderes solares y posibles complicidades de seres fuera de este mundo. El Cusco se volvió así un sitio de peregrinaje de buscadores de realidades alternas, de viajeros sedientos de predicciones de chamanes, de profecías en quechua y acogedoras ruinas verdaderas y falsas.

En su libro, *Una cultura de piedra* (2010), Dean muestra el poder mnemónico de las piedras como elementos que inmortalizaban la vida y la memoria local de manera tangible. Para las sociedades precolombinas de esta parte del mundo, las piedras eran, por ende, seres que sucumbían a procesos de transubstanciación, animados y sensibles. A la vez, Dean revela otro aspecto de la relación andina con las piedras. Subraya que, sea cual fuera la técnica que tanto sorprende y aturde, el proceso de construcción de estas estructuras requería de un Estado fuerte y poderoso y de una organización social del trabajo jerárquica y vertical. Además, explica que los incas repitieron y recrearon muros de piedras superpuestas en diversas partes del Imperio. Esta repetición era una técnica de conquista que hacía presente el poder de Cusco, a pesar de la distancia en vastas extensiones territoriales.

Si bien hoy vemos sólo piedras y multiplicidades de ángulos en intrincados entramados geométricos, detrás de estos muros yacen, escondidas y silenciadas, relaciones de poder que hoy tienen eco en los proyectos de Estado autoritarios y en las dictaduras que han caracterizado la historia moderna de la región, y del Perú en particular. En sus imágenes de esquinas y calles, tomadas tanto en los pueblos y ciudades del Valle Sagrado como en zonas residenciales y turísticas de regiones lejanas a Cusco, como Lima, los alrededores de Arequipa y Trujillo, al norte del país, Pablo López Luz retrata el poder simbólico actual de la arquitectura incaica. Sus fotos revelan cómo, hasta el día de hoy, esta arquitectura se repite y reformula mediante figuras pintadas, rompecabezas de cemento y estructuras de fibra de vidrio disfrazadas de piedras antiguas. Cada una de estas ficciones líticas reproduce y cristaliza una idea de nación heredera de asombrosas tecnologías y poderosas estéticas ancestrales. A la vez, las réplicas que López Luz capta con su lente dan cuenta de los diversos modos en que los habitantes del Perú contemporáneo se apropian, y por lo tanto subvierten y transforman, estas tecnologías de poder y de formación de Estado en entornos cotidianos y populares.

Pablo López Luz
Neo-Inca

Lithic Weaves
Sandra Rozental-UAM-Cuajimalpa

In the navel of the world, there is no doubt the stones rule. The walls flanking the narrow streets of the city of Cusco deploy their lithic geometries under the intense light of the Andean dawn. During the colonial period, the layout of the city transformed and recycled the walls of the ancient buildings and temples dedicated to pre-Hispanic gods to erect churches and Baroque palaces. Today, among the narrow alleys and majestic plazas, tourist guides in colorful ponchos reveal the shapes of hidden animals with their flashlights: pumas, llamas, and snakes formed of huge blocks.

As well as the animal shapes they form, the stones of the Valle Sagrado are famous for their angles. Perhaps the most well-known stone in Peru is found in a wall on Hatun Rumiyoc street. With its 12 angles, each one carefully jointed to fit snugly against an adjacent stone, this block of green diorite is the perfect link of the lithic weave that constitutes the admired Inca architecture. A few kilometers from the center of the city of Cusco, the walls of Saqsaywaman display the work of Andean masonry without the use of mortar.

The fascination with the Inca walls, as explained by the art historian Carolyn Dean, has been propelled above all by the mysteries surrounding how it was made. Despite the fact that Garcilaso de la Vega described the buildings and their stone walls just a few decades after they were erected, and Felipe Guamán Poma de Ayala depicted their makers working on their construction, the engineering and building techniques used to achieve the perfect jointing of the stones was forgotten in the wake of the violence of the Conquest.

Mystery gives rise to renown. No-one, neither then, nor now, knows for sure how the Incas moved, raised, and assembled these huge stones, each of which weighs tons. The technological enigma is joined by the fantasies of solar powers and the possible assistance of beings from beyond this world.

Cusco thus became a site of pilgrimage for seekers of alternate realities, travelers hungry for shamans' predictions, Quechua prophecies, and welcoming ruins both true and false.

In her book, *A Culture of Stone* (2010), Dean reveals the mnemonic power of the stones as elements that immortalized local life and memory in a tangible way. For pre-Hispanic societies in this part of the world, the stones were beings that succumbed to processes of transubstantiation, that were animate and had feelings. Dean also reveals another aspect of the Andean relationship with the stones. She emphasizes that, whatever the astonishing technique used, the construction of these structures required a strong, powerful state and a social organization of work with a vertical hierarchy. She also explains that the Incas repeated and recreated walls of superimposed stones in different parts of the Empire. This repetition was a technique of conquest that made the power of Cusco present, despite the distance across vast territorial expanses.

Even if today we can only see stones and countless angles forming intricate geometric joints, behind these walls lie, hidden and silent, power relations that encounter an echo today in the projects of the authoritarian state and in dictatorships that have characterized the modern history of the region, and of Peru in particular. In his images of streets and corners, taken in the villages and cities of the Valle Sagrado as well as in the residential and tourist areas of regions far from Cusco, including Lima, and the surroundings of Arequipa and Trujillo, in the north of the country, Pablo López Luz depicts the symbol power of Inca architecture today. His photographs reveal how, right up to the present day, this architecture repeats and reformulates itself in painted figures, concrete jigsaws, and fiberglass structures disguised as ancient stones. Each of these lithic fictions reproduces and crystallizes an idea of the nation that descended from these astonishing technologies and powerful ancient aesthetics. In turn, the replicas captured by López Luz's lens reveal the different ways in which the contemporary inhabitants of Peru appropriate—and therefore subvert and transform—these technologies of power and of state-building in everyday, popular surroundings.

José León Cerrillo
Carne

Para la serie *Interludios Indisciplinados*, José León Cerrillo revisita *Oh My Cannibal* —exposición presentada en Nueva York en 2008— y propone en LIGA la instalación *Carne* a manera de eco del proyecto original.

Oh My Cannibal tomaba como punto de partida la figura del caníbal, propuesta por Oswald de Andrade en su *Manifesto Antropófago* (1928), transpuesta a consideraciones locales, particularmente iconografías centrales en la construcción de la modernidad mexicana. Así pues, el proyecto reunía, en una suerte de índice, referencias a Mario Pani, a la Ciudad Universitaria y al Espacio Escultórico de Mathias Goeritz, las cuales resolvía de la siguiente manera:

1. Serigrafías en papel y acetato dentro de un *poster rack*, que se interrumpían, completaban y encimaban al ser vistas y/o deglutidas.
2. Una estructura que tomaba sus proporciones de los edificios del multifamiliar Juárez derrumbados por, o demolidos tras, el temblor de 1985, y que fungía como soporte para un poema de Augusto de Campos.
3. Una ventana bloqueada con cal y agua a la manera en que se hace en las obras negras.

Presentando de nuevo, o por primera vez, el índice ahora desconfigurado, la ciudad misma sirve como soporte para las serigrafías —que apuntan a lugares concretos—, y el edificio que alberga a LIGA se duplica, desdobla y desfasa, mediante una maniobra de rotación, sirviendo como material para la propia presentación/experiencia.

José León Cerrillo
Meat

For the series *Undisciplined Interludes*, José León Cerrillo revisits *Oh My Cannibal*—an exhibition presented in New York in 2008—and at LIGA he proposes the installation *Meat* as an echo of the original project.

Oh My Cannibal took the figure of the cannibal as a starting point, as proposed by Oswald de Andrade in his *Cannibal Manifesto* (1928), transposed onto local considerations, particularly iconographies that are central to the construction of Mexican modernity. Thus the project brought together, as a kind of index, references to Mario Pani, to the Ciudad Universitaria campus and the *Espacio Escultórico* by Mathias Goeritz, as follows:

1. Silkscreen prints on paper and acetate in a poster rack, which were interrupted, completed and overlapped when seen and/or swallowed.
2. A structure that took its proportions from the buildings of the Juárez housing complex that collapsed or was subsequently demolished following the 1985 earthquake, and which once provided the structure for a poem by Augusto de Campos.
3. A window blocked with lime and water as during the structural phase of a building process.

Presenting again, or for the first time, the now dismantled index, the city itself serves as a support for the screen prints—which signal specific places—and LIGA's building is duplicated, unfolded and displaced, by means of a maneuver of rotation that serves as material for the presentation/experience.

Adriana Lara
Less is more

Para el último evento del ciclo *Interludios Indisciplinados*, la artista mexicana Adriana Lara ocupa el espacio del folleto informativo de LIGA con la obra de carácter conceptual *Less is more*, una reflexión sobre el valor comercial de las publicaciones en correspondencia con el valor de su contenido. La pieza, presentada por primera vez en 2014 en la sección de anunciantes de la revista *Spike Art Magazine*, núm. 41, consiste en ocupar espacio de una publicación con una cifra que representa un mínimo valor posible mediante un número decimal. Esta cifra se hace más larga mientras que su valor se reduce según el número de páginas que se adquieren.

La artista utiliza la máxima del arquitecto alemán Ludwig Mies van der Rohe para su título, en el contexto de una economía capitalista que ha subvertido el concepto inicial de la frase. Si los principios del modernismo abogaban en su origen por las virtudes de la simplicidad y la estandarización en pro de una vivienda más accesible, hoy día se aplican a una industria de la construcción que busca reducir costos a favor de una mayor producción de cuestionable calidad. Se generan así beneficios millonarios en el marco de una constante crisis de habitación que acaba desencadenando eventuales crisis financieras globales. Paradójicamente, según la teoría económica, producir con los menores costos es sinónimo de eficiencia y, por lo tanto, de bienestar social.

Less is more se materializa en una cifra como metáfora de un sistema en el cual menos costos equivalen a más producción, pero también a más miseria.

Adriana Lara
Less is More

For the final event in the series *Undisciplined Interludes*, Mexican artist Adriana Lara occupies the space of LIGA's information leaflet with the conceptual work *Less is More,* a reflection on the commercial value of publications in correspondence to the value of their content. The piece, presented for the first time in 2014 in the classifieds section of *Spike Art Magazine*, no. 41, consists of occupying space in a publication with a figure representing as small a value as possible, with a decimal number. This figure gets longer as the value falls, according to the number of pages purchased.

The artist takes up the maxim of German architect Ludwig Mies van der Rohe in the title, in the context of a capitalist economy that has subverted the original idea behind the phrase. If the principles of modernism originally promoted the virtues of simplicity and standardization for the benefit of cheaper housing, today they are applied to a construction industry that seeks to reduce costs in favor of increased production of dubious quality. This generates huge earnings in the context of an unending housing crisis that ends up creating global financial crises. Paradoxically, economic theory dictates that producing at lower cost is a synonym of efficiency, and as such of social benefit.

Less is More takes form in a figure as a metaphor for a system in which lower costs represent higher output, but also greater poverty.

La presencia del pasado [The Presence of the Past], Hans Hollein, Venecia [Venice], Italia [Italy], 1980.

La primera Bienal de Arquitectura de Venecia, dirigida por Paolo Portoghesi y titulada "La presencia del pasado" se celebró en 1980. La exposición principal, "Strada Novissima", tuvo lugar por primera vez en el Corderie dell'Arsenale y estaba compuesta por veinte fachadas diseñadas por veinte arquitectos o equipos de arquitectos. El proyecto de Hans Hollein fue especialmente llamativo porque consistía en una fachada que reunía columnas de diversos momentos de la historia de la arquitectura. La instalación de Hollein "ejemplificaba el sentido elegíaco del pasado".

The first Venice Architecture Biennale, curated by Paolo Portoghesi and titled "The Presence of the Past" was held in 1980. The main exhibition, Strada Novissima, took place for the first time in the Corderie dell'Arsenale and comprised twenty façades designed by twenty architects or studios. The project by Hans Hollein was particularly notable as it comprised a façade formed of columns from different moments in the history of architecture. The installation by Hollein "exemplified the elegaic sense of the past."

Bodyspacemotionthings,
Robert Morris, Londres [London], RU [UK], 1971.

La instalación *bodyspacemotionthings*, del artista estadounidense Robert Morris, reunió una serie de artefactos espaciales que él concibió originalmente en 1971 para la Tate Gallery de Londres. En ella, el espectador participaba en el proceso artístico subiendo, escalando, moviéndose entre elementos que componían la pieza, rodillos, rampas, túneles y muros. Establecía así relaciones fluctuantes entre cuerpo, espacio, movimiento y objeto. La exposición fue recreada en la Tate Modern en 2009.

> The installation *bodyspacemotionthings*, by the U.S. artist Robert Morris, assembled a series of spatial artefacts that he originally conceived in 1971 for the Tate Gallery in London. In it, the spectator participated in the artistic process by ascending, climbing, and moving between the elements that composed the piece, including rollers, ramps, tunnels and walls. In this way it established fluctuating relationships between body, space, movement and object. The exhibition was recreated at the Tate Modern in 2009.

| INTERLUDIOS DE ESTUDIO | STUDIO INTERLUDES |

- 151 ESTUDIO VICENTE ROJO — VICENTE ROJO STUDIO
- 155 CASA PEDRO REYES + CARLA FERNÁNDEZ — PEDRO REYES + CARLA FERNÁNDEZ HOUSE
- 159 ESTUDIO GRACIELA ITURBIDE — GRACIELA ITURBIDE HOUSE
- 163 ESTUDIO MELANIE SMITH — MELANIE SMITH STUDIO
- 167 CASA DANH VO — DANH VO HOUSE
- 171 CASA + ESTUDIO THOMAS GLASSFORD — THOMAS GLASSFORD HOUSE + STUDIO

¿Cómo influye el espacio arquitectónico en la producción artística, y viceversa? Ésta es la pregunta a la que se pretendió dar respuesta mediante una serie de visitas a casas y estudios de artistas relevantes en el entorno mexicano. Fueron objeto de esta investigación las conexiones que se producen entre un contexto espacial y sensorial —visual, sonoro, material— y la obra que se concibe o se realiza en él. Se profundizó en la discusión a lo largo de varios meses, al adentrarnos en la atmósfera de creación de ciertos autores clave. Cada evento se configuró literalmente *in situ*, con un carácter específico que se deriva de la personalidad del espacio que se visita y de la persona que lo habita. Así, este ciclo conectó conceptualmente los tradicionales viajes de estudio de los arquitectos modernos por obras emblemáticas de la Antigüedad, con la actual práctica de las *studio visits*.

El formato de serie permitió compilar una colección a lo ancho de la ciudad. De manera que cada caso de estudio cobró una importancia específica en relación con los otros. Las particularidades de cada arquitectura y su retroalimentación con cada práctica artística, se recopilaron por superposición a lo largo de varias semanas. Los visitantes recurrentes podían así inferir el valor de un conjunto innumerable y presente, no ya sólo en México, sino en cualquier parte del mundo.

How does architectural space influence artistic production—and vice-versa? This is the question that was to be answered through a series of visits to the homes and studios of leading Mexican artists. The investigation addressed the connections between a spatial and sensorial context—visual, auditory, material—and the work that is conceived or created within it. Over several months, the discussion was advanced by entering the creative setting in which a different key artists produce their work. Each event evolved literally in situ, with a specific character arising from the personality of the space visited, and of the person inhabiting it. In this way, this series established a conceptual link between the traditional site visits made by modern architects to emblematic works from antiquity, and the contemporary practice of studio visits.

The format of the series made it possible to compile a collection that ranged across the city, meaning that each studio took on a specific significance in relation to the others. The particular characteristics of each architect and their feedback with each artistic practice were compiled over several weeks. Repeated visits could thus infer the value of an innumerable and present group, no longer just in Mexico but in any part of the world.

ESTUDIO VICENTE ROJO

Coyoacán, Ciudad de México, 1995
Felipe Leal

Dos objetivos esenciales incidieron en esta obra. Por una parte, resolver la necesidad espacial para un estudio amplio, bien iluminado de pintura, escultura y diseño gráfico y, a su vez, realizar un experimento plástico-formal de fusión entre las artes plásticas y la arquitectura, formulando espacios y volúmenes arquitectónicos inspirados en los principios compositivos del pintor Vicente Rojo.

Two essential objectives influenced this building: firstly, resolving the spatial requirements of a large, well-lit studio for painting, sculpture and graphic design, and secondly, undertaking a visual and formal experiment to fuse the visual arts and architecture, formulating spaces and volumes inspired by the compositional principles of the painter Vicente Rojo.

Felipe Leal

CASA PEDRO REYES + CARLA FERNÁNDEZ

Coyoacán, Ciudad de México, 2015
Pedro Reyes

Llevamos dos años habitando la casa al mismo tiempo que la trasformamos con un pequeño grupo de talentosos albañiles. El piso de pizarra es un ejemplo de esto; tardamos un año en terminar un elaborado rompecabezas pétreo con juntas milimétricas. Sería imposible pensar en un trabajo así en Estados Unidos o Europa, donde todo lo resuelven con tecnología. México, sin embargo, tiene una tradición de talla en piedra que se remonta a miles de años, y continúa viva y vigorosa.

We have been living in the house at the same time as we have been converting it, together with a small team of talented builders. The slate floor is an example of this. We took a year to complete the elaborate stone jigsaw with millimeter-precise joints. Doing something like this would be impossible in the United States or Europe, where everything is resolved with technology. In Mexico, however, there is a tradition of stoneworking that dates back millennia and remains very much alive.

Pedro Reyes

ESTUDIO GRACIELA ITURBIDE

Coyoacán, Ciudad de México, 2016
Taller de Arquitectura (Mauricio Rocha + Gabriela Carrillo)

En un terreno de 7x14 metros, en el Barrio del Niño Jesús, en Coyoacán, y a sólo algunos pasos de la casa de Graciela Iturbide, surge en el contexto una pequeña torre de apenas tres niveles que extruye, de manera literal, sus medidas en planta para convertirse en una sólida pieza de barro [...] que ante todo busca el silencio, la síntesis, el uso continuo, repetitivo y casi obsesivo de un solo material.

> On a site measuring 7x14 meters, in the Barrio del Niño Jesús in Coyoacán and very near to the home of Graciela Iturbide, a little three-story tower rises that literally extrudes its footprint to form a solid piece of clay [...] that above all seeks silence, synthesis, and the continuous, repetitive and almost obsessive use of a single material.
>
> Taller de Arquitectura
> Mauricio Rocha + Gabriela Carrillo

161

ESTUDIO MELANIE SMITH

San Pedro de los Pinos, Ciudad de México, 2007

10 reflexiones sobre el espacio del estudio:

1. El orden de las cosas es importante, aunque ese orden sea un tiradero de papeles. Es impredecible dónde o cuándo las cosas útiles o inútiles aparecen en el espacio.
2. No concientizar el estudio para otros. No hay reglas, el espacio cambia según el proyecto.
3. Música sí. Música no. Según el día. Spotify es lo mejor.
4. El patio con el pochote es un lugar importante, pues las plantas son vitales para mí. Este patio rompe la continuidad entre el espacio de producción pictórica y el de video en la parte de arriba de la casa. Subir y bajar transporta la cabeza.
5. Un sofá es importante. Cada vez paso más tiempo delante de la pantalla. No puedes estar de pie o en una silla todo el día. El sofá es como el diván del psicólogo para mí. Para pensar, para tomar la siesta.
6. Los vidrios de los años cincuenta fascinan a los alemanes que vienen al estudio, son una separación delgada de la calle.
7. Descolgar el teléfono.
8. Cocina, lugar de plática; nada que ver con arte.
9. Cerrar la puerta en la tarde. En el trayecto a la casa el día desaparece.
10. Lo mejor del estudio y quizá lo más importante es la luz.

10 reflections on the studio space:

1. The order of things is important, even if this order consists of a mess of papers. It is impossible to predict when or where useful or useless things appear in the space.
2. Not to make it a studio for other people. There are no rules, the space changes according to the project.
3. Music yes. Music no. It depends on the day. Spotify is the best.
4. The patio with the pochote tree is an important space, since plants are essential for me. This patio breaks with the continuity between the space for producing paintings and the upstairs space for video. Ascending and descending transports the head.
5. A sofa is important. I spend more and more time in front of the screen. You can't spend the whole day standing or sitting. The sofa is like a psychologist's couch for me. For thinking, for taking a siesta.
6. The 1950s windows are a source of fascination for German visitors to the studio. They are a slender separation from the street.
7. Unhook the telephone.
8. The kitchen, a place for talking, nothing to do with art.
9. Close the door in the afternoon. In the journey to the house, the day disappears.
10. The best thing about the studio and perhaps the most important is the light.

Melanie Smith

CASA DANH VO

Roma, Ciudad de México, 2015
AREA

La casa está hecha a partir de una relación entre sólidos y vacíos, los cuales organizan el programa alrededor de los muros de mampostería existentes. El patio actúa como un cubo de luz que funciona como una extensión del ambiente construido, es el generador de luz y movimiento en la casa, une cada nivel con escaleras interiores y exteriores. Y después de definir el acercamiento inicial, el método de diseño fue un diálogo recurrente con Danh, que surgió de los descubrimientos en la demolición y reestructuración de la casa.

The house is built on the basis of a relation between solids and voids, which organize the program around the existing masonry walls. The patio acts as a light shaft that functions as an extension to the building and generates light and movement in the house while linking each floor with internal and external staircases [...] After defining the initial approach, the design method involved a continuous dialogue with Danh, which arose from the discoveries made during the demolition and renovation of the house.

AREA

CASA + ESTUDIO THOMAS GLASSFORD

Tacubaya, Ciudad de México, Casa 2005, Estudio 2013

Morfología como arquitectura

¿Cómo cultivar lo natural en un entorno altamente urbanizado? Una estructura tradicional en ruinas puede ser el ancla que permita cultivar un nuevo biotopo y proponer adiciones fluidas a un arrecife colonial previo. Esporas engendrando formas. El diseño como una corriente orgánica que permite que las estructuras presentes anclen el nuevo crecimiento y acomoden el flujo. Un lugar fértil para la germinación.

    La circulación y el equilibrio dentro de la angulosidad levemente fragmentada del plano cuadrilateral mantienen la mente ágil. Subir un paso, bajar un paso, reciclar. Las alturas rotas del caparazón original crean plataformas entrelazadas para reconectar y promover una cascada que fluye desde la estructura hacia el enfoque visual de la copa de los árboles adyacentes. Utilizando el giro y la diseminación como una experiencia viva, la casa colectiva se emplaza en diferentes niveles de sedimentación. Funciona al mismo tiempo como un recipiente y como una extensión de lo acuático.

Morphology as Architecture

How to cultivate the natural within a high urban environment? A traditional shell structure ruin is a healthy anchor to grow a biotope; fluidity of additions to an existing colonial reef. Spores spawning forms. Design as an organic current that allows existing structures to anchor new growth and to accommodate the flow. A fertile place to germinate in.

    Circulation and balance within the slightly broken angularity of the quadrilateral plane in space keeps the mind agile. Step up step down, recycle around. The broken heights of the original shell gets interlacing platforms to reconnect and promote a cascade of the structure to the visual focus of the neighboring canopy of trees beyond. With gyration and dissemination as a living experience, the collective house is in different levels of sedimentation, a vessel and extension to the aquatic.

Thomas Glassford

La Casa Mobile, John Hejduk,
Milán [Milan], Italia [Italy], 1986.

Una de las exposiciones temáticas más importantes en la XVII Triennale di Milano (1986) estuvo dedicada a la casa. La exposición con curaduría de Mario Bellini y Georges Teyssot se llamó "Il Progetto Domestico. La casa dell'uomo: archetipi e prototipi", e incluyó 26 contribuciones de arquitectos, diseñadores y artistas como Achille Castiglioni, Aldo Rossi, Mario Merz, Zaha Hadid, Daniel Libeskind, George Segal, Massimo Scolari, etc. John Hejduk creó una suerte de torre de asedio para tipologías vivas, titulada "La casa mobile e la condizione nomadica".

> One of the XVII Triennale di Milano (1986) most important themed exhibitions was dedicated entirely to the home. The exhibition curated by Mario Bellini and Georges Teyssot was called "Il Progetto Domestico. La casa dell'uomo: archetipi e prototipi" included 26 contributions by architects, designers and artists like Achille Castiglioni, Aldo Rossi, Mario Merz, Zaha Hadid, Daniel Liebskind, George Segal, Massimo Scolari, etc. John Hejduk produced a sort of siege tower for living typologies, entitled "La casa mobile e la condizione nomadica."

Casa Museo Sarmiento,
Buenos Aires, Argentina, 1996.

La Casa Museo Sarmiento es un museo y una biblioteca que se sitúan en la provincia de Buenos Aires. Fue propiedad de Domingo Faustino Sarmiento, presidente de Argentina de 1868 a 1874.

"¿Qué significa exponer arquitectura? Acaso no está la arquitectura, una vez construida, siempre expuesta, incluso sin tener que llegar al extremo de ponerla en una vitrina, como en el caso de la caja de cristal de gran escala que está sobre la casa de Domingo Faustino Sarmiento, el gran héroe argentino y séptimo presidente del país (1868-1874), situada en el delta el Tigre fuera de Buenos Aires? Esta casa de 1855, que recibe la visita de unas cincuenta mil personas durante un fin de semana de verano, ha sido un edificio protegido desde 1966 y un objeto en una vitrina desde 1996."

Cita de Barry Bergdoll, "Fuera de sitio / Al descubierto: sobre los orígenes y la actualidad de las exposiciones de arquitectura", en *Exhibiting Architecture: A Paradox?*, Eeva-Liisa Pelkonen (ed.), New Haven, YSOA, 2015.

The Casa Museo Sarmiento is a museum and library in the province of Buenos Aires. It was the property of Domingo Faustino Sarmiento, president of Argentina from 1868 to 1874.

"What does it mean to exhibit architecture? Isn't architecture, once it is built, always on display, even without going through the extremes of putting it in a display case, as in the case of the building-scale glass box over the house of Domingo Faustino Sarmiento, the great Argentine hero and seventh president of the country (1868-1875) located in the El Tigre delta outside Buenos Aires? This 1855 house which is visited by some fifty-thousand people a weekend in the summer, has been a protected building since 1966, and an object in a vitrine since 1996."

Quotation: Barry Bergdoll, "Out of Site/In Plain View: On the Origins an Actuality of the Architecture Exhibition," in *Exhibiting Architecture: A Paradox?*, Eeva-Liisa Pelkonen (ed.), YSOA, New Haven, 2015.

#arquitecturaexpuesta

| | ENSAYOS | ESSAYS |

AGNALDO FARIAS
181 Exposiciones de arquitectura en Brasil: un breve balance
187 Architecture Exhibitions in Brazil: A Brief Overview

DANIEL FERNÁNDEZ PASCUAL
193 Ultramarinos
197 From Overseas

ANNA PUIGJANER + GUILLERMO LÓPEZ (MAIO)
201 La arquitectura y su doble
207 Architecture and its Double

PAOLA SANTOSCOY
211 Arquitectura desde un pabellón
217 Architecture from a Pavillion

RORY HYDE
223 Exhibir más allá
227 Exhibiting the Beyond

WONNE ICKX
231 Catálogos vacíos
235 Empty Catalogues

CARLOS MÍNGUEZ CARRASCO
239 Ímpetu compartido: arquitectura y curaduría
245 Shared Impetus: Architecture and Curating

FLORENCIA RODRÍGUEZ
251 Presentar, representar
255 Presentation and Representation

BARRY BERGDOLL
259 Curaduría en el mundo del rumiar digital o los placeres y los obstáculos de la "curaduría"
265 Curating in the World of Grazing, or the Pleasures and Pitfalls of "Curating"

TINA DICARLO
271 Arquitectura exhibida, arquitectura expuesta
277 Architecture Exhibited, Architecture Exposed

Agnaldo Farias

Exposiciones de arquitectura en Brasil: un breve balance

En 1992, Fábio Magalhães —curador del Museo de Arte de São Paulo (MASP)— invitó a la arquitecta y académica Anne Marie Sumner a crear un programa de exposiciones de arquitectura para el museo, el más importante del país, ubicado en un edificio emblemático de Lina Bo Bardi. Hasta aquel momento, el MASP no organizaba exposiciones de arquitectura, como tampoco lo hacían otros museos brasileños. Era, sin embargo, cuestión de tiempo para que ciertas instituciones reconocieran el mérito innegable de este tipo de exhibiciones para introducir propuestas emergentes, repasar producciones históricas a través de relecturas variadas y, en el caso brasileño, fecundar las intervenciones en un país vasto tanto en su historia como en su geografía. Sumner, autora de una provocadora investigación sobre la relación entre el minimalismo y la arquitectura, optó por realizar una muestra dedicada a la obra de Peter Eisenman. En un país donde el pensamiento moderno dominaba la escena —donde se tachaba despectivamente todo aquello que pudiera denominarse "posmoderno", desde Robert Venturi o Ricardo Bofill hasta Richard Meier y Zaha Hadid—, la presentación de la obra de un arquitecto como Eisenman, cuyo paradigma contrastaba con la matriz corbusiana que en Brasil, tanto ayer como hoy, todavía está en boga, fue una gran osadía.

Anne Marie Sumner viajó a Nueva York y se reunió con Eisenman que, según ella, reaccionó a la invitación con cierto escepticismo. Aun así, movido por el entusiasmo de la curadora y también porque no había nada que perder más que el tiempo dedicado al diseño de la exposición, aceptó el desafío. Sumner no se quedó atrás, se esforzó por reunir en lo que respecta al museo las condiciones necesarias para llevar a cabo el proyecto y en 1993 se inauguró la impresionantemente impecable exposición retrospectiva "Mallas, escalas, senderos y pliegues en la obra de Peter Eisenman", con maquetas exquisitas, fotos y láminas de todo tipo. El catálogo que acompañó la exposición contenía el material expuesto, además de textos críticos de Otilia Arantes y Sophia da Silva Telles, y una incisiva entrevista del historiador Nicholas Sevcenko. Todos ellos en el contexto del influyente artículo "El fin de lo clásico: el fin del principio, el fin del fin", cuyo autor era el arquitecto homenajeado.

La exposición causó gran impacto entre la comunidad de arquitectos, que no estaban acostumbrados a las muestras de arquitectura, en especial a las de esa calidad. La presencia de Eisenman fue muy celebrada y su conferencia muy concurrida. De esta forma, el programa de exposiciones de arquitectura del MASP se inauguraba de manera triunfal. En una conversación con Sumner, y para su sorpresa, Eisenman confesó que la exposición había superado todas sus expectativas y que nunca ni en ningún lugar había realizado una muestra de esa calidad (léase tan completa y tan cara).

Pero ¿cómo podría un país donde el sistema de museos siempre ha vivido en un clima de inestabilidad permanente y donde la arquitectura está lejos de poseer el carisma de la producción artística en general, ya que se entiende primordialmente como una categoría profesional, implementar un programa de exposiciones de arquitectura de la magnitud señalada por la exposición inaugural? No sólo no se podía, sino que incluso hoy en día no se puede.

El resultado de esta historia no pudo ser más irónico: la magnitud de los recursos involucrados en la producción de "Mallas, escalas..." ocasionó que la primera exposición del programa de arquitectura del MASP fuera la última.

La peculiaridad del fracaso de este primer programa de exposiciones de arquitectura de un gran museo brasileño sirve como introducción de la complejidad de nuestro panorama. Es necesario reflexionar sobre algunas de las causas, comenzando por la ausencia de debate sobre la producción arquitectónica nacional e internacional emergente, sumado a lo que se enseña en las escuelas, que es por lo general la transferencia acrítica de las nociones modernas.

Es interesante que éste fue el efecto secundario de nuestra exitosa modernidad, Niemeyer por delante: el reverencialismo catatónico a maestros como Sérgio Bernardes, Oscar Niemeyer, Affonso Reidy, Vilanova Artigas, Paulo Mendes da Rocha, Lina Bo Bardi, João Filgueiras, entre otros. Pensábamos estar honrando estas grandes contribuciones cuando en realidad las estábamos disecando. En este marco provinciano para los arquitectos establecidos y las instituciones a las que estaban afiliados, las exposiciones internacionales de arquitectura que mostraban ejemplos de producción reciente eran casi prescindibles. Además, eran caras y estaban lejos de atraer la atención y los recursos de los tradicionales patrocinadores de las artes.

Graduada a finales de los años setenta, Anne Marie Sumner, como sus colegas de generación, acompañó el bullicio creado por la arquitectura en el ámbito de la cultura mundial, sobre todo desde la eclosión de la posmodernidad, noción pletórica para bien y para mal. Asistió a la creación de la Bienal de Venecia y de los museos de arquitectura, las intervenciones urbanas en París, Londres, Buenos Aires, etc., por no hablar de la efervescencia del entorno editorial. De hecho, y como prueba de nuestro desfase, basta recordar que dos de los clásicos de los años sesenta, "La arquitectura de la ciudad" y "Complejidad y contradicción en la arquitectura", de Aldo Rossi y Robert Venturi respectivamente, se publicaron en Brasil en 1995.

Los jóvenes arquitectos luchaban contra la lentitud del medio arquitectónico, sin muchos resultados. Y, con el deseo de involucrarse en ese debate, era previsible que se desembocase en situaciones desequilibradas como la descrita, típico de un ambiente confuso, donde no se evaluó correctamente la situación, las condiciones objetivas, los objetivos a alcanzar, las estrategias para lo que se quería lograr. Deficiencia que, en el caso del MASP, también puede atribuirse a su curador general.

Descontando el éxito bifurcado con el fracaso de la exposición de Eisenman, a finales de los noventa se crearía, en Río de Janeiro, el Centro de Arquitectura y Urbanismo, CAU. Su fundación, no por casualidad, fue el trabajo del único alcalde arquitecto que esa gran ciudad ha tenido hasta la fecha, Luiz Paulo Conde. Bajo el mando competente de Jorge Daniel Czajkowski, se creó un programa de exposiciones, publicaciones y debates, todo alineado con las expectativas de la comunidad de arquitectos, a estas alturas más renovada y atenta y, al mismo tiempo, con capacidad para atraer a los laicos que comenzaban a comprender la importancia de la arquitectura y el urbanismo en sus vidas. Inaugurado en 1997, el CAU duró hasta el año 2000. Después de eso, redujo sus acciones a la escala sugerida por la timidez de las instituciones públicas cuyo objetivo principal parece ser el de continuar viviendo.

En São Paulo, la ciudad más grande de Brasil, la segunda de América Latina, el panorama siguió y sigue rezagado, incluso después de la revitalización del Museo de la Casa Brasileña, MCB[1] y la creación del Instituto Tomie Ohtake, ITO,[2] a partir de 2000. En ese mismo periodo cabe destacar en el campo editorial la creación de sitios como Vitruvius, resultado del enorme esfuerzo del arquitecto, crítico y comisario Abílio Guerra, las editoriales Martins Fontes y Cosac Naify; esta última, y debido a la crisis que el país atraviesa, puso fin a sus actividades en el verano de 2016. En lo que respecta a los últimos tiempos, hay que destacar la X Bienal de Arquitectura, celebrada en 2013 y curada por Guilherme Wisnik. Pero ya que se trata de acciones tópicas, sin la perspectiva de un programa para ser implementado de manera efectiva, estas cuestiones deben analizarse por separado.

En cuanto al MCB y el ITO, a partir de 2000 se logró llevar a cabo un programa razonable de exposiciones de arquitectura, dentro de los límites compatibles con los presupuestos racionados, distribuidos con singular moderación por los directores de marketing de las empresas patrocinadoras, especialmente en el caso del ITO que, a diferencia del MCB, del Estado, es una institución privada sin fines de lucro, lo que lo convierte en un rehén. Los patrocinadores, a través de la persona de sus directores de *marketing*, ven con

1 El Museu da Casa Brasileira (MCB), creado en 1970, es una institución de la Secretaría de Cultura del estado de São Paulo, que se dedica a cuestiones relacionadas con la preservación y estudio de la vivienda brasileña, mediante programas que incentivan la arquitectura y el diseño.

2 El Instituto Tomie Ohtake (ITO), creado en homenaje a la artista brasileña de origen japonés, Tomie Othake, e inaugurado en 2001 en São Paulo, es un espacio cultural concebido para realizar exposiciones de arte, arquitectura y diseño.

reservas las muestras arquitectónicas por entenderlas menos atractivas y carismáticas que las de bellas artes. Las arduas negociaciones entre patronos y las personas responsables del dinero de las empresas se han convertido en el gran drama de los museos y centros culturales de Brasil, convirtiendo a la mayoría de éstos en mostradores abiertos a ofrecer exposiciones de todo tipo, no sólo de arquitectura. Exposiciones más o menos interesantes, pero que ya llegan con los gastos pagados. Por lo tanto, lo que se muestra no es necesariamente lo que se quiere mostrar, sino lo que se tiene que mostrar. "Cómo mostrar" es algo que, a su vez, se discute incluso menos, pues es frecuente que la exposición venga acompañada de una persona responsable del cumplimiento de las directrices de montaje.

Cuanto mejor, más equipada y prestigiosa sea la institución, mayor es la posibilidad de recibir una propuesta de calidad, posiblemente, en línea con su propio programa. Dada esta pasividad, es el caso preguntar: ¿cuál es el papel del museo como un centro comprometido con la producción de conocimiento? Por otra parte, ¿para qué sirve entonces un curador?

Habiendo sido curador en jefe del Instituto Tomie Ohtake, institución dedicada a la presentación del arte contemporáneo y sus referencias modernas, durante sus primeros diez años de existencia, en la que sigo hoy como asesor curatorial, viví en la piel, siempre con la complicidad de su presidente, el arquitecto Ricardo Ohtake, las dificultades de la implementación de un programa de arquitectura coherente con los objetivos de la institución, que no sólo recibiese exposiciones producidas externamente. Con mucho esfuerzo, casi a razón de una por año, llevamos a cabo las exposiciones de Vilanova Artigas, Oscar Niemeyer, Álvaro Siza, SANAA, Steven Holl, entre otros, y creamos en 1994 un premio de arquitectura, el Premio de AkzoNobel, anual, que conlleva la realización de un simposio.

En la actualidad, la principal iniciativa de la institución es el programa dedicado a exposiciones de arquitectura brasileña. La primera serie, curada por Abílio Guerra, se valió de significativas obras modernistas brasileñas, reevaluadas, a través de las fotos, láminas y maquetas, para presentar la historia de las adaptaciones operadas por la arquitectura brasileña en el paradigma arquitectónico europeo, la forma en que se consideró nuestro clima, geografía e historia. La segunda muestra estuvo a cargo de Julio Katinsky, quien, interesado en el tratamiento de algunos de nuestros espacios de convivencia, abordó el Parque Guinle y el Proyecto de Vivienda del Pedregulho, ambos en Río de Janeiro, y la Asamblea Nacional, en São Paulo, entre otras producciones. La tercera exposición, de André Corrêa do Lago, se enfrentó a la relación entre la arquitectura y la fotografía, articulación que fue tratada en una clave diferente por el curador de la siguiente edición, Nelson Brissac Peixoto, ocupado en presentar "aquello que la ciudad no deja ver" e invitando para ello a tres grandes fotógrafos.

El predominio de la fotografía en las exposiciones de Corrêa do Lago y Brissac Peixoto debe entenderse como una forma inteligente de actuar ante la falta de recursos para articular cuestiones pertinentes con medios baratos. Estamos en 2016 y todavía nos encontramos frente a la tarea de construir y estabilizar los aspectos básicos del entorno arquitectónico, incluyendo la producción de exposiciones.

Agnaldo Farias
Architecture Exhibitions in Brazil: A Brief Overview

In 1992, Fábio Magalhães, curator at the São Paulo Museum of Art (MASP), invited architect and scholar Anne Marie Sumner to create a program of architecture exhibitions for the museum, which is the most important of its kind in the country, housed in a landmark building by Lina Bo Bardi. Prior to this, the MASP—in common with other Brazilian museums—had not organized architecture exhibitions. It was, however, a question of time before certain institutions came to recognize the value of this kind of exhibitions in presenting new ideas, reviewing past output through new readings, and in the specific case of Brazil, fostering interventions in a country that is vast in history and geography alike. Sumner, the author of provocative research into the relationship between minimalism and architecture, chose to hold an exhibition dedicated to the work of Peter Eisenman. In a country where modern thought dominated the scene—where everything from Robert Venturi or Ricardo Bofill to Richard Meier or Zaha Hadid was dismissed as "postmodern"—it was a bold move to present the work of an architect such as Eisenman, which stands in powerful contrast to the still-dominant Corbusian paradigm in Brazil.

Anne Marie Sumner traveled to New York to meet Eisenman, who she says reacted with a certain skepticism to the invitation. Nevertheless, moved by the curator's enthusiasm and by the fact he had nothing to lose other than time spent designing the exhibition, he accepted the challenge. Sumner wasted no time and pulled out all the stops to ensure the museum was ready to host the exhibition, and in 1993 the impressively impeccable retrospective show opened, with the title "Meshes, Scales, Paths and Folds in the Work of Peter Eisenman," including exquisite models, photographs and prints of all kinds. The exhibition catalogue contained all this material, together with essays by Otilia Arantes and Sophia da Silva Telles, and an incisive interview by Nicholas Sevcenko. These were given context by the influential article "The End of the Classical: The End of the Beginning, The End of The End," written by the architect himself.

The exhibition had a significant impact on the architectural community, which was not accustomed to exhibitions in their field, and especially not of this quality. The presence of Eisenman was celebrated and a very well-attended lecture took place. As a result, the MASP's program of exhibitions opened with a great success. In a conversation with Sumner, and to her great surprise, Eisenman admitted that the exhibition had exceeded all his expectations and that a show of such quality (i.e. so complete and so costly) had never been held anywhere.

Yet how was it possible for a country where the museum system has always suffered from chronic instability—and where architecture is not perceived to be as attractive as art, since it is viewed above all as a professional practice—to implement a program of architecture exhibitions on the scale suggested by the inaugural exhibition? Not only did it prove impossible, but to date this situation has not changed.

The outcome of this story could not be more ironic: the scale of the resources involved in the production of "Meshes, Scales..." meant that the first exhibition in the MASP architecture program was also the last. The peculiarity of the failure of this first program of architecture exhibitions at a major Brazilian museum serves to introduce the complexity of the panorama. It is important to reflect on some of the causes, starting with the absence of debate on emerging architectural production in Brazil and around the world, together with what is taught in schools, which generally speaking is an uncritical transfer of modernist ideas.

It is interesting that this has been a side-effect of our successful modernist period in architecture, with Niemeyer to the fore: the unthinking reverence shown towards such figures as Sérgio Bernardes, Oscar Niemeyer, Affonso Reidy, Vilanova Artigas, Paulo Mendes da Rocha, Lina Bo Bardi, and João Filgueiras. We believed we were honoring their major contributions, when in reality we were stuffing and mounting them. In this provincial framework for established architects and the institutions they were affiliated to, the international architecture exhibitions that presented examples of recent work were mostly forgettable. In addition, they were expensive to mount and were far from attracting the necessary attention and resources of traditional arts patrons.

Graduating in the late 1970s, Anne Marie Sumner, like her fellow students, was drawn by the hubbub created by architecture in the sphere of world culture, above all since the emergence of postmodernity, a notion bursting with both positive and negative aspects. She bore witness to the creation of the Venice Architecture Biennale, museums of architecture, urban interventions in Paris, London, Buenos Aires and elsewhere, and the rapid expansion of architecture publishing. Indeed, and as proof of how far behind we were lagging, we need only recall that two of the classic books from the 1970s, "The Architecture of the City" and "Complexity and Contradiction in Architecture" by Aldo Rossi and Robert Venturi respectively, were only published in Brazil in 1995.

Young architects struggled against the sluggishness of the architectural sphere, with meager success. In the desire to get involved in this debate, it was predictable that it would give rise to unbalanced situations like the one described above, typical of a confused context where the situation, objective conditions, objectives, or strategies were not properly evaluated. In the case of the MASP, this failing can also be ascribed to the chief curator.

Setting aside the success-cum-failure of the Eisenman exhibition, in the late 1990s the Center for Architecture and Urbanism (CAU) was created in Rio de Janeiro. It is no coincidence that this was the work of the sole mayor this great city has seen who trained as an architect, Luiz Paulo Conde. Under the expert guidance of Jorge Daniel Czajkowski, a program of exhibitions, publications and debates was created, in line with the expectations of the community of architects, which by this stage had undergone generational renewal and by then was attracting the laity, who had begun to understand the importance of architecture and urbanism in their lives. Opened in 1997, the CAU lasted until 2000. Subsequently, it reduced its actions to the scale implied by the timidity of public institutions, whose ambitions seem to extend no further than to continue functioning.

In São Paulo, Brazil's largest city and the second-largest in Latin America, the panorama continued to lag behind—and does so to this day—even after the revitalization of the Museum of the Brazilian Home (MCB[1]) and the creation of the Tomie Ohtake Institute (ITO[2]), in 2000. In the same period, notable advances in the field of publishing included the creation of the Vitruvius site, the result of an exhaustive effort by architect, critic and curator Abílio Guerra, and the publishers Martins Fontes and Cosac Naify, although the latter closed in summer 2016 as a result of Brazil's economic crisis. Also of recent note is the 10th Architecture Biennial, curated by Guilherme Wisnik in 2013. However, since these are isolated actions, lacking the overall perspective of an effective program, they must be examined elsewhere.

As for the MCB and ITO, beginning in the year 2000 a reasonable program of architecture exhibitions commenced, within the limitations the reduced budgets allowed, which were distributed with a singular moderation by the marketing heads of sponsor companies, especially in the case of the ITO which, unlike the publicly-funded MCB, is a private not-for-profit institution, which makes it a hostage to fortune. The sponsors, in the shape of their heads of marketing, view architecture exhibitions as less attractive and charismatic than their fine art equivalents. The lengthy negotiations between business owners and those responsible for their companies' money has become the great tragedy of Brazil's museums and cultural centers, transforming most of them into storefronts open to exhibitions of any kind, not only architecture. Exhibitions that may be of greater or lesser merit, but that arrive with their expenses already paid. As a result, what is shown is not necessarily what people want to show, but what they have to show. The question of "how to show" is one that is discussed less and less frequently,

[1] The Museu da Casa Brasileira, established in 1970, is an institution run by the São Paulo State Culture Department focused on the preservation and study of housing in Brazil through programs to incentivize architecture and design.

[2] The Tomie Ohtake Institute, created in homage to the Brazilian artist of Japanese origin Tomie Ohtake and opened in 2001 in São Paulo, is a cultural center designed to host art, architecture and design exhibitions.

as exhibitions often come together with someone responsible for ensuring the installation guidelines are followed.

The more prestigious the institution and the more facilities it has, the greater the chance of receiving a quality exhibition proposal, and even one that is in line with its own program. Given this passivity, it is worth querying the museum's role as a center committed to knowledge production, and the purpose of a curator?.

Having been chief curator for the first ten years of the Tomie Ohtake Institute, which is dedicated to exhibiting contemporary art and its reference points in modern art, and where I remain a consultant curator, I experienced for myself—together with the president, Ricardo Ohtake—the difficulty of implementing an architecture program consistent with the institution's objectives, and not just to host externally produced exhibitions. With great effort, at a rate of about one per year, we held exhibitions on Vilanova Artigas, Oscar Niemeyer, Álvaro Siza, SANAA, and Steven Holl, among others, and in 1994 we established an annual architecture prize, the AkzoNobel Prize, which includes organizing a symposium.

Today, the institution's principal initiative is its program of exhibitions on Brazilian architecture. The first exhibition, curated by Abílio Guerra, presented a reevaluation of significant Brazilian modernist buildings using models, photographs and prints, to examine the history of adaptations made by Brazilian architecture to European paradigms, and how our climate, geography, and history were taken into account. The second show was developed by Julio Katinsky, who, interested in the treatment of some of our public spaces, looked at Guinle Park and the Pedregulho Housing Project in Rio de Janeiro, and the National Assembly in São Paulo, among other buildings. The third exhibition, by Andre Corrêa do Lago, confronted the relationship between architecture and photography, a connection that was addressed in a different key by the curator of the subsequent show, Nelson Brissac Peixoto, which was concerned with presenting "what the city doesn't let us see" and invited three leading photographers for that purpose.

The dominance of photography in the exhibitions by Corrêa do Lago and Brissac Peixoto must be understood as a way of proceeding in the face of the lack of resources to address important questions using economical methods. It is now 2016, yet we still confront the task of constructing and stabilizing these basic aspects of the architectural sphere, including the production of exhibitions.

Dibujo de una caja de Ward, 1852. *A drawing of a Wardian Case*, 1852.

Daniel Fernández Pascual
Ultramarinos

> El pirata no puede definirse ya según la región en la que se mueve. En cambio, la región de la piratería podría derivarse de la presencia del pirata. Donde quiera que se encuentre un "enemigo de todos" —en los mares, en el aire o en la tierra—, allí surgirá una zona más allá del límite.
>
> Daniel Heller-Roazen,
> *El enemigo de todos: la piratería y el derecho de las naciones*

Abrió la puerta con casetones de la salita de té y allí estaba. El sol entrando al atardecer por la ventana victoriana, que intentaba secar el olor rancio a moqueta húmeda, lo iluminó. Puede que fueran las cuatro de la tarde. Puede que la luz se reflejase en una bandeja de plata. Ese momento cambió la vida y carrera del jardinero que revolucionó la forma en que las especies viajan por el mundo; la forma en que diferentes plantas viven en espacios confinados, climáticamente controlados. Lo que Joseph Paxton descubrió a la luz del atardecer fue una planta. No una planta cualquiera en un lugar cualquiera. Fue su *Musa*. La *Musa* de la que se apropiaría más tarde y que generaría una revolución botánica a lo ancho de la Tierra. La que reforzaría la idea de comercio de ultramar. En el papel pintado de la habitación chinesca de la decadente mansión en Chatsworth, residencia de su señor William Cavendish, sexto duque de Cavendish, la futura *Musa Cavendishii* estaba ya allí pintada en tonos rojos y, quién sabe, quizá también con los pigmentos verdes-arsénico tan letales que luego produciría William Morris, fundador del movimiento Arts and Crafts.

La epifanía de descubrir una planta de plátano pintada en aquella pared aristocrática del centro de Inglaterra llevó a Paxton a iniciar una revolución en la arquitectura de hierro y cristal. La obsesión por deconstruir espacios donde el sol se intensifica al cruzar una superficie de vidrio, la luz se refracta, y la humedad y temperatura artificialmente controladas generan la ilusión de estar viviendo en un clima tropical, subtropical, árido o semiárido. Paxton desarrolló invernaderos de cristal para cultivar plátanos al norte del paralelo 50; conquistar el mundo con una sola variedad que adoptó el nombre de su lord Cavendish, la *Musa Cavendishii*: pequeña, "estándar", amarilla, ligeramente curva, que ha hecho desaparecer cientos de variedades minoritarias de bananos en todo el mundo. Es el plátano que encontramos hoy en cada supermercado, desde Buenos Aires hasta Singapur.

Paxton, jardinero y constructor de invernaderos para reproducir especies tropicales rentables para el naciente mercado global colonial, fue ascendido a arquitecto del Imperio británico. Se le encargó imaginar el espacio donde exhibir estructuras de poder. A mediados del siglo XIX consiguió construir una de las salas de exposición más paradigmáticas de la historia: el Palacio de Cristal de Londres (1851). Un lugar acristalado de 564 metros de largo. El detalle arquitectónico modular que inventó para proyectar un espacio lumínicamente infinito transformó la idea de estandarización. La sección del edificio se repite en toda su longitud medio-kilométrica como si fuera un croquis literalmente extruido. Un módulo, que mediante una repetición monótona, ocupa un solar sinfín.

La exposición que tuvo lugar en su interior llevaba implícita, sin embargo, la colonización del espacio a escala global: un imperio en su apogeo estaba decidiendo cómo reinventar paisajes para poder dominarlos. Al exhibir los mecanismos para esta tarea, el Palacio de Cristal de Paxton se convirtió en mero cómplice de la invasión colonial. Más allá de la magia ingenieril de su genialidad espacial, el sistema para cubrir espacio de manera eficiente contribuyó a legitimar el abuso y la violencia contra millones de personas en todo el mundo. Uno de los espacios arquitectónicos más singulares de la historia supuso exhibir arquitectura por partida doble: la de hierro y cristal, y la del Imperio.

Esta obsesión por crear imaginarios espaciales parece estar íntimamente ligada a la economía liberal de la nación. Siete décadas después del Palacio de Cristal, el Reino Unido funda el Empire Marketing Board, un cuerpo de propaganda especial en la década de 1920 para poner la responsabilidad de la economía imperial no en sus dirigentes, sino en los ciudadanos y en su obligación de comprar y consumir productos de las colonias y paisajes de producción ultramarina para contribuir al *buen hacer* del imperio. Mediante carteles, películas, recetas y demás artilugios visuales, el imperio concibió las llamadas Empire Shops. Por diversas razones, nunca llegaron a abrir.

Así nace en 2016 *The Empire Remains Shop*,[1] una exposición en Londres para reflexionar sobre la construcción del espacio de forma crítica. ¿Qué queda hoy del concepto de ultramar, aquello que viene de lejos, de otras costas, que teóricamente es *imposible* producir en un *aquí*? ¿Qué implicaría especular sobre la venta de los restos del Imperio británico hoy en día? Esta plataforma intenta explorar ese vaivén de objetos y relaciones espaciales. No diseña un espacio nuevo. Ocupa un edificio de oficinas semivacío donde el banco Barclays tuvo algún día sus oficinas. Su lobby, con paredes de mármol barato de los años noventa, también refleja luz, como la que le provocó su epifanía a Paxton (aunque no sé si se repetiría hoy si estuviese aquí). La estética del mundo inmobiliario y los letreros fluorescentes de agencias que anuncian propiedades en venta se ha convertido en el referente visual de las calles de alrededor del Londres contemporáneo. Ésa es la exhibición de arquitectura

---

[1] *The Empire Remains Shop* fue un proyecto de Cooking Sections, localizado en 91-93 Baker Street, Londres: www.empireremains.net

que domina la ciudad. Cajas de metacrilato producidas en zonas económicas especiales del sur de China iluminan por la noche los anuncios que contienen la casa (prohibitiva) de tus sueños. Porque al final, el comprador promedio de vivienda en la ciudad no es humano; son compañías *offshore* con residencia en islas y ciudades piratas.

La idea de exponer arquitectura surge de la ambición de deconstruir la manera en que se construye el espacio. Es como ir hacia atrás en el tiempo, tirando de las barras corrugadas que están en el interior de columnas de hormigón, que te llevan al barco que las trajo de Lagos, después de haber sido fundidas en acero; un mineral que a su vez escapó a los secuestros de los piratas en aguas internacionales más allá de las costas de Kenia y que partió del delta de los mares de Hong Kong, conectados por ferrocarril con una mina tierra adentro del país, donde los hombres que extraen el mineral apenas ven las paredes del túnel que ha estado sometido a intensos procesos geológicos durante milenios. En ese sentido, es crucial resaltar el valor social de agentes independientes que permitan a la sociedad y a los visitantes reflexionar sobre el porqué de las formas de su entorno: cómo ha llegado ese acero a la esquina de tu salón, cómo habitar ese espacio, cuestionar tu poder de decisión como usuario, las relaciones laborales y de derechos humanos que implica tener una barra de acero, invisible, dentro del muro de tu casa.

Arquitectura expuesta es eso: la exposición de relaciones. La exposición de conexiones y desconexiones que hacen la vida de uno un poco más intrigante y que, en ocasiones, dejan ver cosas a través de los materiales que creemos opacos.

Daniel Fernández Pascual

From Overseas

> The pirate may no longer be defined by the region in which he moves. Instead, the region of piracy may be derived from the presence of the pirate. Wherever an 'enemy of all' can be found—upon the seas, in the air, or on the land—there a zone beyond the line will emerge.
>
> Daniel Heller-Roazen
> *The Enemy of All: Piracy and the Law of Nations*

He opened the paneled door to the drawing room and there it was. The afternoon sun streaming through the Victorian window, doing its best to dry off the stale odor of damp carpet, was illuminating it. It may have been four in the afternoon. Perhaps the light was reflected off a silver tray. This moment changed the life and the career of the gardener who revolutionized the way that species travel around the world, and the way different plants grow in confined, temperature controlled spaces. What Joseph Paxton discovered in the afternoon light was a plant. Not just any plant in any old place. It was his *Musa*. The *Musa* which he was later to appropriate to generate a botanical revolution the length and breadth of the Earth. One that would strengthen the idea of overseas trade. On the wallpaper of this room decorated in Chinese style in the declining mansion of Chatsworth, the residence of his master William Cavendish, sixth Duke Cavendish, the future *Musa Cavendishii* was already there, painted in red hues, and—who knows—perhaps too in the lethal arsenic-based green pigment produced by William Morris, founder of the Arts and Crafts movement.

The epiphany of discovering a painted banana plant on that aristocratic wall in the heart of England led Paxton to embark on a revolution in glass and iron architecture. His obsession was with constructions where the sun is intensified by its passage through the glass surface, the light is refracted, and the humidity and temperature artificially controlled, generating the illusion of a tropical, sub-tropical, arid or semi-arid climate. Paxton developed glass greenhouses to grow bananas north of the 50th parallel. He conquered the world with a single variety that acquired Lord Cavendish's name, as *Musa cavendishii*: small, "standard," yellow, gently curved—and the cause of the disappearance of hundreds of minor varieties of banana from the world. This is the banana found today in supermarkets from Buenos Aires to Singapore.

Paxton, the gardener and builder of greenhouses to propagate profitable tropical species for the emerging worldwide colonial market, was elevated to the rank of architect of the British Empire. He was commissioned to imagine the space where structures of power could be exhibited. In the mid-nineteenth century he built one of the most paradigm-defining exhibition spaces in history: the Crystal Palace in London (1851), which measured 564 meters long. The modular architecture he invented to create this infinitely luminous space transformed the notion of standardization. The cross-section of the building was repeated along the entire half-kilometer length, as if it were literally an extruded drawing. A module that through monotonous repetition occupies a potentially endless footprint.

The exhibition that was held in this building implicitly referred to the colonization of space on a global scale: an empire at its height was deciding how to reinvent landscapes in order to dominate them. Exhibiting the mechanisms to achieve this task, Paxton's Crystal Palace became an accomplice to colonial invasion. Beyond the engineering magic of its spatial genius, the system for efficiently enclosing space contributed to the legitimization of abuse and violence against millions of people around the world. One of the most singular architectural spaces in history involved the exhibition of a dual architecture: that of iron and glass, and that of the Empire.

This obsession with creating spatial imaginaries seems to be closely bound up with the nation's liberal economy. Seven decades after the Crystal Palace, the UK founded the Empire Marketing Board, a spatial propaganda body aimed at placing responsibility for the imperial economy not with its leaders, but on the shoulders of its citizens, with the obligation to buy and consume products of the overseas colonies and territories in order to contribute to the *good work* of the Empire. In posters, films, recipes and other visual mechanisms, the so-called Empire Shops were conceived. For a number of reasons, they never actually opened.

This gave rise, in 2016, to *The Empire Remains Shop*,[1] at an exhibition held in London to critically reflect on the construction of space. What remains today of the concept of *overseas*, of what comes from afar, from different shores, things that are theoretically impossible to produce *here*? What would it mean to speculate on the sale of the remains of the British Empire today? This platform aims to explore this coming and going of objects and spatial relations. Rather than designing a new space, it occupies a semi-vacant office building where Barclays bank once had its offices. Its lobby lined with cheap marble from the 1990s also reflects light, like that which triggered Paxton's epiphany (though I don't know if it would occur today, were he here). The aesthetics of real estate and the fluorescent signs of agencies announcing properties for sale has become a visual reference point in streets around contemporary London. This is the exhibition of architecture that dominates the city. In the night, acrylic boxes

[1] *The Empire Remains Shop* was a project by Cooking Sections, located at 91–93 Baker Street, London: www.empireremains.net

manufactured in special economic zones in southern China light up the adverts for the (prohibitively expensive) house of your dreams. Because in the end, the average buyer of property in the city is not a human, but an offshore company resident in pirate islands and cities.

The notion of exhibiting architecture arises from the ambition to deconstruct the way in which space is constructed. It is like going back in time, spurred by the corrugated rebar enclosed in concrete columns, which take you back to the boat that conveyed it from Lagos, having been forged into steel, produced in turn from a mineral that escaped the clutches of pirates in international waters off the coast of Kenya, having embarked from a delta in Hong Kong, connected by a railroad to a mine deep inside China, where the men who extract the mineral barely glimpse the walls of the tunnel that have been subject to intense geological processes over millennia. In this regard, it is essential to emphasize the social value of independent agents who enable society and visitors to reflect on the reasons behind the forms around them: how this piece of steel came to occupy the wall of your room, how to inhabit this space; and thereby to question your power of choice as a consumer, and the questions of labor relations and human rights that are implicit in the fact of that invisible steel bar in the wall of your home.

Exhibiting architecture is this: the exhibition of relationships. The exhibition of connections and disconnections that make life a bit more intriguing and sometimes allow us to glimpse things through materials we believed to be opaque.

Michael Asher en la Claire Copley Gallery, Los Ángeles, Estados Unidos, 1974.

Michael Asher at the Claire Copley Gallery, Los Angeles, United States, 1974.

Anna Puigjaner y Guillermo López (MAIO)
La arquitectura y su doble

I. Una historia de 1974

En 1974, Michael Asher fue invitado a presentar una exposición en la Claire Copley Gallery en Los Ángeles. La exposición quedó sin título y, sin duda, para aquellos visitantes que se adentraban en el espacio y no conocían el trabajo del artista, debió resultar bastante difícil discernir dónde se encontraba la obra o en qué consistía la exposición.

En lugar de producir una nueva serie de objetos o documentos, Asher decidió actuar sobre la propia preexistencia del espacio de la galería. La obra consistía en eliminar un discreto y delgado muro que separaba el área privada de la zona pública —la única pared en aquel espacio expositivo— sin dejar ni un solo rastro que permitiese presuponer que algo había sucedido ahí, más allá de los documentos fotográficos que certificaban el antes y el después de la *obra*. A ojos del visitante despistado, parecía que nada hubiese ocurrido o que nada hubiese sido expuesto. La única cosa visible, al fondo, era el mobiliario que habitualmente constituía la oficina, situada detrás del muro ahora ausente.

Con esa acción, Asher hizo visible, mediante un procedimiento arquitectónico, el funcionamiento de la galería, volviendo público algo que hasta entonces pertenecía al terreno de lo privado. Lo que días antes quedaba oculto por el muro, se convertía ahora en la acción principal. Por medio de un gesto radical, Asher consiguió visibilizar el lado económico y las políticas que rodean el mundo del arte, por domésticas que fueran.

Como si de un juego de espejos se tratase, su obra transformaba el espacio expositivo en el objeto *expuesto*.

II. *TheWholeHoleHall*

Al principio era un hueco, o un rincón. Quién sabe. Desconocemos la historia. Probablemente algún día a alguien se le ocurrió agrandar el espacio interior de la casa, invadiendo para ello parte de la entrada principal del pequeño edificio. No lo sabemos. Cuando llegamos, el retranqueo ya estaba ahí. No es lo suficientemente grande como para permitir un uso continuo, ni suficientemente pequeño para reducirse a una mera irregularidad en la pared. Tiene algo extraño que nos gusta, como la luz rasante que entra por la ventana que quedó condenada a ras de suelo tras construirse el nuevo forjado que permitió agrandar el espacio. Así que cuando reformamos el lugar para transformarlo en nuestro estudio y eliminamos el altillo de la entrada para convertirlo en espacio a doble altura, decidimos mantener ahí esa pequeña protuberancia, flotando. Como una irregularidad sin demasiada importancia. Sin acceso, sin uso, a la espera.

Con el tiempo, el nicho se transformó involuntariamente en un lugar de almacenaje. Se llenó de libros. Cientos, miles, amontonados, desordenados. Hasta que unas nuevas estanterías nos permitieron darles un nuevo y más apropiado lugar. Poco más ocurrió allí. Al menos hasta que un día, hablando con Moritz Küng, que estaba de visita por el estudio, comenzamos a comentar lo mucho que nos recordaba ese espacio que utilizó como punto de partida para su serie de exposiciones "The Umbrella Corner: an Exhibition in 6 Chapters".

En la serie "The Umbrella Corner", fiel a su argumentación, Moritz convirtió un pequeño nicho de la galería barcelonesa ProjectesSD en el espacio expositivo. De esa manera, un lugar generalmente invisible o pasado por alto, donde la gente se limitaba a dejar sus paraguas los días lluviosos, tomaba un nuevo lugar central. Un resto, un residuo espacial, se convertía de ese modo en el lugar y argumento principal al que la obra quedaba extrañamente anclada. La dicotomía tradicional entre contenido y forma, frente y fondo, comenzaba así a difuminarse y a generar una nueva narración. Una historia, de alguna manera, única e irrepetible.

Parafraseando a Bachelard, podemos decir que Moritz Küng es todo un "lector de rincones". Alguien interesado en la búsqueda de lo particular, de todo aquello capaz de potenciar lo específico de un espacio expositivo. Moritz es un rastreador de *genii loci* que se sitúa en las antípodas de todo lo que el White Cube representa, del contenedor expositivo indiferente y (falsamente) neutro respecto a lo expuesto.

Ése es el ideario según el cual puede entenderse el diminuto espacio expositivo que dirigimos junto a Moritz y el diseñador Curro Claret. Un lugar al que dimos el nombre algo impronunciable y joyceano de *TheWholeHoleHall - Room for spatial concerns*, centrado en reflexionar acerca del espacio.

III. UP

El rincón que ocupa TheWholeHoleHall, al que nos referíamos más arriba, mide apenas 1.6 x 2 metros y queda a más de 2.20 metros del suelo. Sólo es accesible mediante una escalera plegable de madera destinada a tal efecto. De hecho, su acceso forma parte del despliegue performático que acompaña cada exposición, al que en realidad preferimos llamar *Actos*. Cada acto va acompañado de un ritual consistente en descolgar y abrir la escalera, y ver cómo los invitados y espectadores la escalan hasta alcanzar la pequeña superficie expositiva. Todo tiene algo de rito iniciático.

El primer acto (una nomenclatura que, de algún modo, recoge esa idea performativa ligada a lo irrepetible de lo temporal y lo efímero), consistió en la presentación del fanzine *UP*, una publicación que a modo de foto-ensayo presenta obras de arquitectura seleccionadas por sus editores, el artista Koenraad Dedobbeleer y el arquitecto Kris Kimpe. No exenta de cierta ironía y azar, la presentación de *UP* tuvo lugar desde allí arriba, mientras el público miraba sentado en sus sillas, dos metros más abajo, a dos tipos sentados con sus piernas colgando desde lo alto.

Así comenzó esta aventura, aún en marcha y todavía reciente.

IV. Doppelgänger.
Paradojas de la arquitectura expuesta.

TheWholeHoleHall, con su marcado formato, nos ha obligado inevitablemente a pensar sobre lo que significa exponer arquitectura, sobre la relación de lo expuesto con el propio espacio expositivo.

Mostrar arquitectura exige reflexionar, precisamente, sobre las relaciones entre lo real y lo representado, sobre esa operación no exenta de paradojas en la que suelen generarse tramas complejas en las que el objeto y su imagen acaban tomando vida propia.

De hecho, uno de los escollos conceptuales a los que habitualmente se ha enfrentado el curador de arquitectura tiene que ver con la imposibilidad recurrente de mostrar o trasladar el objeto mismo sin despojarlo de muchos de los atributos que lo legitiman en cuanto tal: su contexto, su función, su sentido; tiene que ver entonces con la imposibilidad de reunir el objeto y su representación. Es precisamente entonces cuando, paradójicamente, la propia representación se vuelve una forma paralela de arquitectura, una nueva naturaleza: cada vez que intentamos exponer una arquitectura preexistente, generamos inevitablemente una nueva.

En ese momento, cuando lo representado se libera de su condición subalterna y toma vida propia, lo real y su imagen comienzan a dialogar como si de dos personajes complementarios se tratase: la arquitectura y su doble —su *Doppelgänger*— comparten una misma escena, formando una unidad en la que lo imaginado y lo real se entremezclan, en la que lo pensado puede llegar a adquirir el valor de lo físico y viceversa.

Exactamente como sucede en ese *Untitled*, de Michael Asher, con el que comenzábamos este texto. Sólo entonces, el valor de lo representado se confunde con lo construido, dando sentido a la arquitectura entendida como una forma de producción no sólo física, sino también cultural, narrativa y crítica.

Presentación del libro *Without Distinction* de Oriol Vilanova, TheWholeHoleHall, 2016.

Presentation of the book *Without Distinction* by Oriol Vilanova, TheWholeHoleHall, 2016.

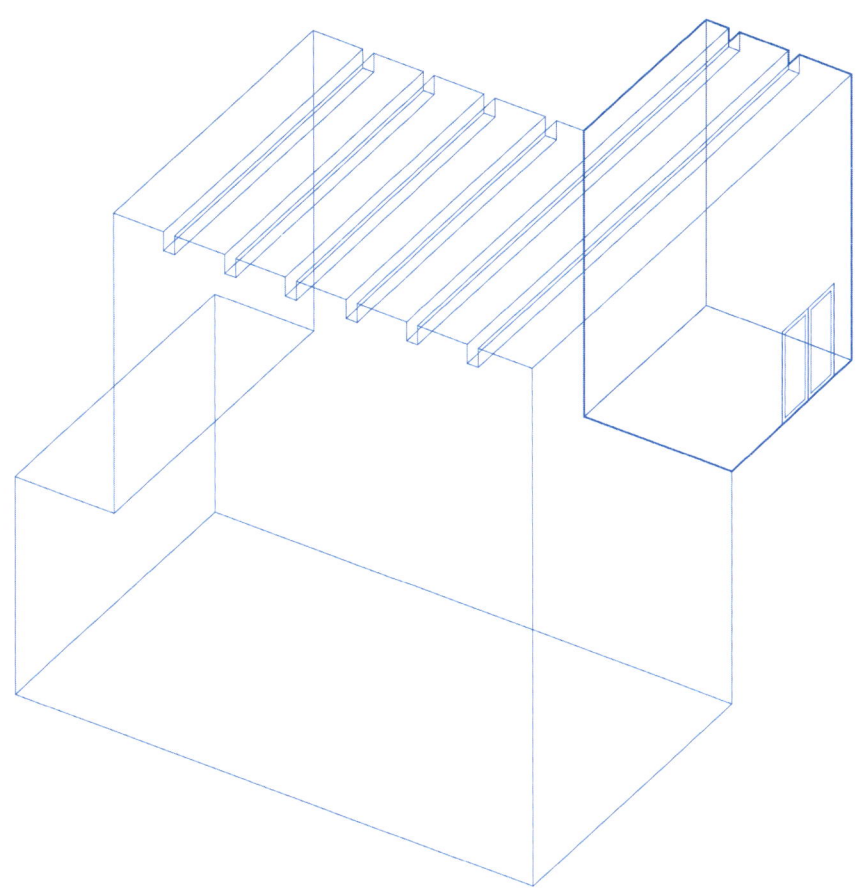

Galería TheWholeHoleHall, MAIO
(Anna Puigjaner y Guillermo López).

TheWholeHoleHall gallery, MAIO
(Anna Puigjaner y Guillermo López).

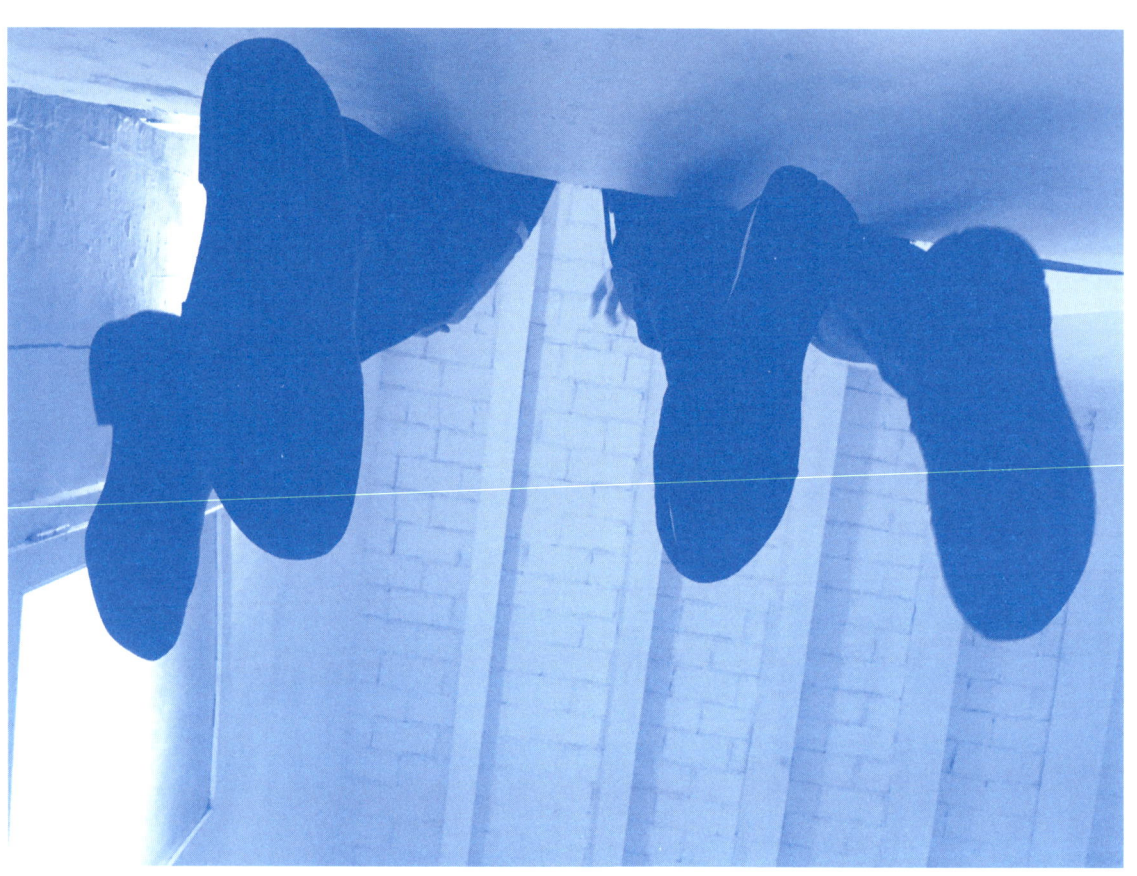

Presentación del fanzine *UP*, TheWholeHoleHall, 2015.

Presentation of the fanzine *UP*, TheWholeHoleHall, 2015.

Anna Puigjaner and Guillermo López (MAIO)
Architecture and its Double

I. A Story from 1974

In 1974, Michael Asher was invited to present an exhibition at the Claire Copley Gallery in Los Angeles. The exhibition had no title, and doubtless those visitors who ventured into the space without prior knowledge of the artist's work found it difficult to decide where it was, or what the exhibition comprised at all.

Rather than producing a new series of objects or documents, Asher decided to address the gallery's own preexisting space. The work comprised eliminating a discreet and thin wall that separated private and public zones of the gallery—the only wall in this particular exhibition space—without leaving any trace of what had occurred. To the eyes of the unsuspecting visitor, nothing seemed to have happened or nothing was on show. The only visible objects, to the rear of the space, were the items of office furniture that were previously concealed behind the absent wall.

With this action, Asher made visible, via an architectural procedure, the operation of the gallery, making public something that until then had been considered private. What was previously hidden behind the wall became the main activity. By means of this radical gesture, Asher revealed the financial aspects of the art world and the policies that define it, on however small a scale.

As if it were a hall of mirrors, his work transformed the exhibition space into the exhibited object.

II. *TheWholeHoleHall*

In the beginning it was a gap, or a corner. Who knows. We don't know the story. Most probably someone someday decided to expand the living space of the house, and in doing so invaded part of the main entrance of the small building. We can't be sure. When we arrived, the recess was already there. It is not large enough to provide for continual use, but nor is it small enough to simply be an irregularity in the wall. There is something strangely attractive about it, like the raking light that comes in through the window which was obliged to remain at floor level by the construction of the new slab that enabled the expansion of the space. So when we reorganized the space to transform it into our studio and eliminated the mezzanine over the entrance to create a double-height space, we decided to leave the small alcove there, floating above the floor level, an irregularity, of no particular importance. Inaccessible, purposeless, waiting.

Over time, the niche was unintentionally transformed into a storage space. It filled up with books. Hundreds, thousands of books, piled up in a chaotic fashion. Then a set of new shelves allowed us to provide them with a more appropriate arrangement. Nothing much else happened. Until one day, chatting with Moritz Küng, who was visiting the studio, we began to remark on how much the space reminded us of the one he used as the starting point for his series of exhibitions "The Umbrella Corner: an Exhibition in 6 Chapters."

Faithful to his argument, in the series "The Umbrella Corner," Moritz converted a small niche in the Barcelona gallery ProjectesSD into the exhibition space. In this way, a space that is generally invisible or ignored, used only for people to leave their umbrellas on rainy days, acquired a central role. A leftover, a wasted space, became the main site and argument, to which the work was curiously anchored. The traditional dichotomy between form and content, foreground and background, thus began to dissolve, generating a new narrative. A unique and somehow unrepeatable story.

To paraphrase Bachelard, we could say that Moritz Küng is a "reader of corners." Someone interested in seeking the specific, everything that enhances the specific character of an exhibition space. Moritz tracks down the *genii loci* that are the exact opposite of everything represented by the "white cube," the exhibition space that is (falsely) indifferent and neutral with regard to whatever is exhibited there.

These are the ideas that are behind the diminutive space we manage together with Moritz and the designer Curro Claret. A place we christened with the somewhat unpronounceable and Joycean name *TheWholeHoleHall - Room for Spatial Concerns*, and one that is concerned with reflections on space.

III. UP

The corner occupied by TheWholeHoleHall, which we referred to above, measures just 1.6 x 2 meters and is more than 2.2 meters above floor level. It is only accessible by means of a folding wooden ladder built for that very purpose. In fact, reaching it is part of the performance that accompanies each exhibition, which we prefer to call *Acts*. Each Act is accompanied by the ritual of getting down and unfolding the ladder, and watching as guests and viewers climb up to the diminutive exhibition area. There is something of an initiation rite about it.

The first Act (a name that somehow recalls the idea of the performance, linked to the unrepeatable character of something that is temporary and ephemeral) comprised the presentation of the fanzine *UP*, a publication that presents works of architecture selected by its editors, artist Koenraad Dedobbeleer and architect Kris Kimpe, in the form of a photo-essay. Not without a certain irony and sense of randomness, the presentation of *UP* took place up there, the audience gazing up at two guys with their legs dangling two meters above them.

So began this new and ongoing adventure.

IV. Doppelgänger
Paradoxes of Exhibited Architecture

TheWholeHoleHall, with its distinctive format, has inevitably forced us to think about what it means to exhibit architecture, and about the relationship between what is exhibited and the exhibition space itself.

Putting architecture on show demands reflection, precisely, on the relationships between reality and representation, on the operation—never free of paradox—that tends to generate complex frameworks in which the object and its image end up taking on a life of their own.

Indeed, one of the conceptual obstacles that the architecture curator regularly has to face is the impossibility of displaying or moving the object itself, without depriving it of many of the attributes that serve to legitimize it: its context, its function, its meaning. The impossibility of reconciling the object and its representation. It is precisely here that, paradoxically, the representation itself becomes a parallel form of architecture, a new nature: every time we try to exhibit a preexisting architecture, we inevitably generate a new one.

At this moment, when what is represented frees itself from its subordinate condition and takes on a life of its own, reality and image enter a dialogue as if they were two complementary figures: architecture and its double—its *Doppelgänger*—share a single stage, forming a unity in which real and imaginary are merged, where thought can take on the value of the physical and vice versa.

Exactly as occurs in Michael Asher's work *Untitled*, with which we began this text. Only then are the values of representation and of construction mixed up, giving meaning to architecture understood as a form of production that is not only physical, but also cultural, narrative, and critical.

Paola Santoscoy
Arquitectura desde un pabellón

Un museo trabaja desde muchos frentes para ser un escaparate de manifestaciones artísticas y estéticas que informen la manera en que entendemos y significamos nuestro tiempo. El concurso del Pabellón Eco surgió en 2010 con la intención de ofrecer, desde el museo, una plataforma para el trabajo de arquitectos mexicanos jóvenes o de media carrera mediante la invitación a crear un espacio temporal en el patio del Museo Experimental el Eco, que durante poco más de dos meses funcione como escenario para una programación multidisciplinaria. Inspirado en pabellones como el de la Serpentine Gallery de Londres o el del PS1 del Museo de Arte Moderno de Nueva York, este concurso tiene la particularidad de intervenir la arquitectura emocional de Mathias Goeritz y de ser una extensión de la misión del museo en cuanto a pensar lo experimental.

A la fecha, se han realizado siete ediciones del concurso, se han presentado un total de cuarenta proyectos y se han construido seis pabellones. Las actividades organizadas dentro de tales espacios son difíciles de cuantificar, pues en ocasiones no sólo se trata de aquello que el museo programa, sino de abrir la puerta al público para pensar en sus usos. Lo que sí podemos decir es que en los pabellones ha ocurrido de todo: charlas, conciertos, comidas, lecturas, presentaciones de publicaciones, danza, proyecciones de cine, maratones de baile, dibujos colectivos, puestas en escena, asados y una que otra acción espontánea.

Para hablar de la historia del Pabellón Eco, reconstruí una conversación que sostuve con Jorge Munguía en donde respondemos a algunas de las preguntas planteadas por los editores de esta publicación, tratando estos cuestionamientos como un guión para pensar el pabellón en el pasado, en el presente y en el futuro.

Origen
Mathias Goeritz es una figura que a lo largo de su carrera exploró el cruce entre arte y arquitectura con bastante flexibilidad y audacia. Lo interdisciplinario siempre estuvo en el centro de su práctica y también del proyecto que concibió en 1953 como el Museo Experimental el Eco que, en palabras de Daniel Mont, empresario y socio del proyecto, se trataba en un primer momento de algo que sería un "restaurante/bar/galería". Lo que juntos lograron fue inaugurar un proyecto único y visionario en su época: un espacio de proyectos dedicado al arte de aquel momento, poniendo lo experimental en el centro de la discusión.

Todavía hoy seguimos refiriéndonos al *Manifiesto de la arquitectura emocional*, donde Goeritz describe cómo el museo apunta, tanto desde su espacio como con sus "experimentos" o su programa, a "una integración plástica para causar en el hombre moderno una máxima emoción".

El patio, remarca Goeritz, es una pérdida de espacio desde el punto de vista funcional, pero cumple con la misión de ser el lugar donde culmina la emoción del visitante y pretende que aquello que se exponga en el museo se piense desde la comprensión del espacio.

Desde la perspectiva de un concurso como el del Pabellón Eco, se vuelve interesante pensar no sólo en cómo traducimos o interpretamos el legado de Goeritz hoy, sino también cómo abrimos las puertas a nuevos manifiestos. ¿Podemos hacer recurrentes estos espacios de propuesta apuntando al legado del futuro? Proponer un concurso de arquitectura no fue parte de una discusión que sólo se refiriera a la arquitectura y sus posibilidades, sino que es parte de una conversación más amplia que incluyó reflexiones sobre el mismo museo. Cuando en 2009 comenzó la planeación del Pabellón con el entonces director Tobias Ostrander, se analizó si un espacio de este tipo podría, además de ser una plataforma para avanzar la experimentación y reflexión desde la arquitectura, servir de escenario para un programa variado desde la óptica de la interdisciplinariedad celebrada por Goeritz, y ser así una herramienta para reunir diferentes voces y públicos.

Así toma forma este proyecto que, como parte de la reflexión sobre el museo, rebasa el concurso y se extiende hacia la reflexión sobre los usos de la escultura habitable de Goeritz, de modo que todo lo que ocurre alrededor del Pabellón Eco lanza preguntas que muchas veces se responden en otros lugares de nuestra producción. De igual forma, responder a una arquitectura determinada de forma bastante veloz en términos de programación es un reto curatorial que hemos decidido asumir, y que nos permite jugar conceptualmente a estirar las posibilidades de tal o cual proyecto.

Lo experimental

Trabajar con y en un espacio que en su nombre enarbola la bandera de lo experimental exige colocarse en un lugar de vulnerabilidad, un lugar poroso en cuanto a las definiciones de lo experimental. El Pabellón Eco, al igual que el resto de la programación del museo, es parte de una metodología de trabajo basada en la especulación y la flexibilidad (tropical). El Eco tiene la particularidad de ser un museo sin colección, cuya tarea de conservación se centra en el legado de Mathias Goeritz y Daniel Mont, en el edificio mismo. Sin embargo, los intereses actuales de su programación van más allá.

A diferencia de las exposiciones, el Pabellón Eco tiene bases que más que contener esperamos sirvan de provocación. Apuntan a que la intervención, aparte de ser una propuesta espacial en sí misma, sirva de plataforma para una serie de programas desde otras disciplinas que reaccionan al espacio y no sólo suceden en él. En el caso particular del Eco, podemos pensar en el edificio mismo como la colección o acervo del museo que aún ofrece oportunidades y lecturas por explorar. En este sentido, las exposiciones pueden tener una mayor libertad, porque pueden asumir una postura más abstracta con el legado del modernismo y la arquitectura emocional, mientras que el Pabellón no puede pasarlo por alto, es parte importante de éste y convive con el espacio de manera concreta.

Otro punto importante a destacar del Pabellón es que siempre se ha pensado, no como una muestra aislada, sino como plataforma para otras expresiones, como son teatro y música. De esta manera, se distingue de las exposiciones por estar sujeto a una relación con otras disciplinas. Más que limitaciones, se vuelven oportunidades. Resulta asimismo interesante cómo el programa curatorial ha tenido que convivir con los distintos pabellones. Por un lado, es siempre una sorpresa lo que va a estar ocurriendo en el patio a la par de una exposición y, por otro, cada vez más los artistas invitados a realizar un proyecto para el museo proponen situaciones de ocupación en el patio que bien podrían ser pabellones, de tal modo que la línea entre los proyectos de arte y los de arquitectura es cada vez más delgada. Esto es algo que nos hace considerar constantemente la nomenclatura de trabajo dentro del contexto del museo.

En la práctica

Cada año, las propuestas rebasan las expectativas o ideas preconcebidas que tenemos desde el museo. Independientemente de si son prácticas construibles o están dentro del presupuesto asignado al Eco, las discusiones de los medios, el jurado y el público se tornan interesantes cuando abordan los rompimientos y el riesgo como posibilidad. En la historia de los pabellones —construidos o no— hay ideas valiosas, así como en los procesos para erigirlos y los eventos que les dan vida.

El primer pabellón de Frida Escobedo marcó un gran inicio al proponer una topografía editable conforme a las actividades, pero también como soporte directo de éstas. Estudio MMX, en cambio, resolvió un gran tema que es tener sombra en el patio mediante un "techo" colgante de cuerdas de henequén que proyectaba e intervenía el espacio con un juego de luz y sombra. El proyecto de Luis Aldrete sorprendía a los visitantes al reproducir la fachada del museo desde el interior, creando un espacio virtual circular hecho por medio de espejos, que rompía con los ángulos del diseño de Goeritz. En el caso del Estudio Macías Peredo, la propuesta de elevar el piso del patio hasta tocar el muro blanco funcionó de maravilla como un foro abierto, además de llevarnos a pensar en la relación entre el museo y la calle. Taller Capital dio un paso más adelante en vincular el pabellón con la infraestructura de la ciudad, así como en colocar al museo como gestor de una maniobra compleja al colocar un anillo del drenaje profundo de la Ciudad de México en el centro del patio. Y, finalmente, el Parque Experimental el Eco de APRDELESP propuso un cambio de lógica que fue más por la apropiación y no por la intervención formal, dejando la programación en manos del público y no del museo.

Cada intervención ha logrado tensiones y relaciones muy distintas con el espacio, y sus argumentos más fuertes se diferencian entre sí desde el punto de partida. Poco a poco, la historia de los pabellones da forma a una conversación en múltiples planos. Cada proyecto habla también de la manera de cada arquitecto/a o estudio de arquitectos de concebir su práctica.

Meditaciones

Inaugurar un proyecto para la experimentación y reflexión del espacio, desde la arquitectura u otras disciplinas, como el arte mismo, exige borrar definiciones y jugar con la posibilidad de que el mismo comportamiento, exploración y desplazamiento humano en el espacio pueda ser distinto a nuestra experiencia.

El Pabellón, o cualquier manifestación espacial en este caso, pensada para otros y para el diálogo, es algo dinámico que se muestra distinto con el tiempo y quienes lo habitan. ¿Qué informa un espacio de esta naturaleza? ¿Cómo podemos provocar una conversación más amplia? El concurso mismo debe ser una postura activa que reaccione a condiciones y oportunidades del museo, a cómo cambia nuestra idea de la disciplina, cómo interactúa con otras disciplinas y qué busca promover o resaltar.

Algunas de las preguntas recurrentes y más rescatables que se han dado en las mesas de jurado son: ¿podría / debería ser un siguiente paso salirse del museo, del espacio físico del patio?, o bien ¿intervenir el edificio también en otros espacios? Otra de las cosas que ha ocurrido a lo largo de estos años es que ha habido otros proyectos de artistas en el patio que bien podrían considerarse pabellones o artistas participando con algunos arquitectos en el desarrollo de proyectos. Al ser un espacio interdisciplinario, ¿no tendría sentido convocar también a artistas o, inclusive, a otras disciplinas? O mejor, tomando en cuenta que hay pocos concursos o espacios dedicados a la experimentación en el país, ¿mantener éste estrictamente para arquitectos?

¿Qué arquitectura podría construirse desde las prácticas que apunten hacia lo comunitario, a espacios de diálogo e intercambio?

El futuro

Al menos en lo inmediato, el futuro es editorial. En 2016 se tomó la decisión de hacer una pausa del concurso después de siete ediciones. Una pausa de un año para abrir un tiempo de reflexión pública sobre el porvenir de este proyecto. Una pausa que en realidad no es tal pues el objetivo es llevar a cabo una serie de pequeñas publicaciones que ahonden en los temas que cada pabellón ha tocado, a la par de charlas que formen un espacio de diálogo. Todo esto con miras a una convocatoria reformulada en 2018.

Pasar del espacio al papel también presenta retos y oportunidades para explorar otras dimensiones de la arquitectura. Otros territorios. Y, ¿cuántos otros territorios hay para la exploración? ¿Qué deberían incluir para ser acciones espaciales y no una referencia a una práctica espacial que sucede en otro lugar?

Paola Santoscoy
Architecture from a Pavillion

A museum works on many fronts in order to be a showcase of artistic and aesthetic manifestations that inform the way we understand and ascribe meaning to our time. The competition for Mexico City's El Eco Pavilion emerged in 2010 with the intention of providing a platform for the work of young and mid-career Mexican architects, by means of an invitation from the El Eco Experimental Museum to create a temporary space in the museum's courtyard that for two months operates as a stage for a multidisciplinary program. Inspired by pavilions like that at the Serpentine Gallery in London or the MoMA's PS1 gallery in New York, this competition is unique insofar as it is an intervention of Mathias Goeritz's "emotional architecture" and is an extension of the museum's mission to focus on experimental work.

To date, the competition has been held on seven occasions, with a total of 40 projects presented and six pavilions built. The activities organized in the resulting spaces are difficult to quantify, since they do not always involve the museum program alone, but open the doors to the public to imagine their own uses. What can be said is that the pavilions have hosted anything and everything: talks, concerts, meals, readings, book presentations, dance, film screenings, dance marathons, collective drawings, plays, barbecues and the occasional spontaneous action.

In order to discuss the history of the Eco Pavilion I reconstructed a script based on a conversation with Jorge Munguía in which we respond to some of the questions raised by the editors of this publication, treating these as a guide for thinking about the past, present and future pavilion.

Origin
Mathias Goeritz is a figure who throughout his career exploited the crossovers between art and architecture with a great deal of flexibility and daring. Interdisciplinary work was always at the heart of his practice, and the artist's El Eco Experimental Museum project he conceived in 1953 was no exception. In the words of Daniel Mont, a businessman and his partner in the project, it was initially intended to be a "restaurant/bar/gallery." What they achieved together was to build something that was unique and visionary for its day: a space for projects focused on the art of the moment, one that placed experimental work at the heart of the matter.

Today, we still refer to the *Manifesto of Emotional Architecture*, in which Goeritz describes how the museum aims, both in the space itself and its program or "experiments", at "an integration of the arts that causes the greatest emotion in modern man." The courtyard, Goeritz remarks, is a waste of space from a functional point of view, but fulfills the goal of being the place where the emotion of the visitor reaches its peak, and is intended to ensure that what is exhibited in the museum is understood from the perspective of comprehension of the space.

Through a competition like that of the Eco Pavilion it is interesting to think not only about how we translate and interpret the legacy of Goeritz today, but also how we open the doors to new manifestations. Can we make these spaces for new ideas a recurring feature, looking towards the future legacy? Proposing an architecture competition was not part of a discussion that only refers to the possibilities of architecture, but part of a broader conversation that included reflections on the museum itself. When in 2009 the planning of the Pavilion began with the then director Tobias Ostrander, it was analyzed whether a space of this kind could, as well as being a platform for advancing experimentation and reflection on architecture, provide a stage for a more wide-ranging program of the interdisciplinary character celebrated by Goeritz, and thereby become a tool for bringing together different voices and audiences.

In this way the project took shape, which as part of the reflection on the museum extends beyond the competition to reflect on the uses of Goeritz's inhabitable sculpture, in such a way that everything that happens around the Eco Pavilion raises questions that are often answered in other areas of our work. Similarly, responding to a particular architecture in a rapid fashion in terms of programming is a curatorial challenge we have decided to take on, and one that allows us to play, conceptually, at picking apart the possibilities of one or the other project.

Experimentation

Working with and in a space whose very name raises the banner of experimentation means positioning ourselves in a place of vulnerability, a porous place in terms of definitions of the experimental. The Eco Pavilion, like the rest of the museum program, is part of a working methodology that is based on speculation and flexibility. The El Eco is unusual in being a museum without a collection, and its labor of conservation is focused on the legacy of Mathias Goeritz and Daniel Mont: the building itself. However, the current concerns of the program extend beyond this goal.

By contrast with the exhibitions, the underlying idea of the Eco Pavilion—we hope—is not to contain but to provoke. It aims for the intervention, besides being a spatial proposal in itself, to provide a platform for a series of programs rooted in other disciplines that react to the space rather than simply taking place within it. In the specific case of El Eco, we can see the building itself as the collection or archive of the museum, one that still creates opportunities to explore and new readings to be made. In this sense, the exhibitions can enjoy greater freedom, because they can assume a more distant position with regard to the legacy of Modernism and of Emotional Architecture, while the Pavilion cannot ignore it, being rooted in the space itself.

Another important point about the Pavilion is that it has always been intended as a platform for other forms of expression, such as theater and music, rather than as an end in itself. This distinguishes it from the exhibitions held in El Eco, as it is tied to this relationship with other disciplines. This is more of an opportunity than a constraint, and it is interesting to observe how the museum program has interacted with the different pavilions. On the one hand, there is always the surprise of what will take place in the courtyard while a given exhibition is on show, and on the other, an increasing number of artists invited to produce a project for the museum respond by occupying the courtyard in ways that could well be seen as pavilions. In this way, the line between art projects and architecture projects grows thinner. This means we are continually reflecting on the nomenclature of the work undertaken within the museum.

In Practice

Each year, the proposals go beyond our expectations or preconceived ideas. Regardless of whether they are practical, capable of being built, or fit the museum's budget, the discussion in the media, among the jury and the broader public becomes interesting whenever they address the possibility of rupture and risk. In the history of the pavilions—whether or not they were built—there are valuable ideas, just as there are in the process of constructing them, and in the events that bring them to life.

The first pavilion, by Frida Escobedo, made for an excellent start, with a topography that could be adapted to suit the different activities, while providing a direct support for them. Estudio MMX, meanwhile, resolved the important issue of providing shade in the courtyard, with a hanging "roof" made of agave fiber that projected over and intervened in the space with a play of light and shadow. The project by Luis Aldrete surprised visitors with its replication of the museum's façade from the inside, using mirrors to create a virtual, circular space that broke with Goeritz's angular design. In the case of Estudio Macías Peredo, the idea of raising the floor level of the courtyard until it met the white external wall functioned wonderfully as an open forum space, as well as forcing us to rethink the relationship between the museum and the street. Taller Capital took this a step further by linking the pavilion to the infrastructure of the city, while positioning the museum as the manager of a complex maneuver, by placing a concrete drainage ring from Mexico City's deep sewer system in the center of the courtyard. Finally, APRDELESP's El Eco Experimental Park proposed a change in approach with a work that was more of an appropriation of the space than a formal intervention, leaving the program in the hands of the public rather than the museum.

Each intervention has introduced very different tensions and relations into the space, and their most powerful arguments differ from the very outset. Gradually, the history of the different pavilions is shaping a conversation on multiple planes. Each project also speaks of the way that each architect or studio conceives their own practice.

Meditations

Establishing a project for experimentation and reflection on space, from the perspective of architecture or other disciplines such as art itself, entails erasing definitions and playing with the possibility that human behavior, exploration and movement within the space can be different to our own experience.

The Pavilion, or any spatial manifestation designed for others and for dialogue, is dynamic in that it changes over time and according to who occupies it. What influences a space of this nature? How can we open up a broader conversation? The competition itself should be an active posture that reacts to conditions and opportunities of the museum, to how our idea of the discipline changes, how it interacts with other disciplines and what it seeks to promote or emphasize.

Some of the recurring and most valuable questions that have arisen around the jury table have been: could or should a next step be to move out of the museum, out of the physical space of the courtyard? Or should other parts of the museum also be subject to interventions? Another thing that has occurred over these years is that other artists' projects have also occupied the courtyard in ways that could well be considered pavilions, and artists have worked together with architects on developing projects. As an interdisciplinary space, would it not make sense to open up the call for entries to artists, or indeed to those from other disciplines? Alternatively, given the lack of competitions or spaces for experimentation in Mexico, perhaps it should be kept exclusively for architects?

What architecture could be built out of practices that aim to be communal, as spaces of dialogue and exchange?

The Future

For the near-term at least, the future comes in book form. In 2016 the decision was taken, after seven pavilions, to put the competition on hold. A year's hiatus for a period of public reflection on the future of this project. A pause that in reality is nothing of the sort since the aim is to produce a series of small publications that examine the issues touched on by each pavilion in greater depth, together with a series of talks that open up a space for dialogue. The end goal of all this is to reformulate the basis of the competition in 2018.

Moving from the space to the printed page also presents challenges and opportunities to explore other dimensions of architecture. Other territories. And how many other territories are there to explore? What must they include in order to be spatial actions, rather than a reference to a spatial action that takes place elsewhere?

More Than One (Fragile) Thing at a Time
de muf architecture / art, como parte de
All of This Belongs to You, V&A, 2015.

More Than One (Fragile) Thing at a Time
by muf architecture / art, as part of
All of This Belongs to You, V&A, 2015.

Rory Hyde
Exhibir más allá

Suele decirse que la arquitectura no cabe en la galería, usualmente como justificación para exponer sus representaciones: dibujos, maquetas y bosquejos de edificios creados por arquitectos. Hay varias suposiciones contenidas en esta simplificación: que la arquitectura es construir, que los edificios son creados por arquitectos y que los edificios son más grandes que la arquitectura. Para acomodar la arquitectura dentro de la galería es necesario preguntarnos qué es la arquitectura.

Sí, la arquitectura es construir —lo espacial y material— pero también es lidiar con temas más intangibles como la política, la interacción, lo público, la economía y el ambiente, entre otros. Son temas que acontecen a lo largo del tiempo, a través de geografías amplias; son sistemas tanto sociales como diseñados. No sólo no caben dentro de la galería sino que son imposibles de contener. Y, sin embargo, para poder exponer arquitectura hoy en día es necesario abordarla en su forma expandida. ¿Por qué? Pues eso depende de cuál se crea que es el papel de la galería.

La galería es un lugar para observar, para presentar cosas en público con el objetivo de comprenderlas. La decisión de qué cosas se van a exponer determina qué es lo que intentamos comprender. Una exposición de dibujos y maquetas es excelente para comprender las intenciones del arquitecto. Pero una vez más, ésa es una visión muy limitada de la arquitectura. Y quizá más importante aún, es una visión muy limitada de lo que puede hacer una galería. Puede servir para mostrar cosas bonitas o para articular material que nos ayude a entender el mundo. En términos arquitectónicos, la galería puede ser un lugar que ordene aquellas cosas que informan nuestras decisiones como ciudadanos y practicantes. Y, hoy en día, en nuestro mundo radicalmente conectado y en apariencia asediado por corrientes destructivas, estas decisiones atañen al contexto expandido de sistemas espaciales, política y ambiente.

Quizás esta enorme obligación es más notoria en galerías públicas de mayor envergadura, como en la que yo trabajo, el Victoria and Albert Museum, pero argumentaría que, sin importar su tamaño, las galerías deben enfrentarse a estos temas si quieren mantenerse vigentes. De regreso a nuestra pregunta inicial: LIGA tiene sólo 16 metros cuadrados. ¿Cómo hacer que quepa todo? Una estrategia es tratar de personificar estos temas dentro de la galería, de presentar un pequeño fragmento a través del cual pueda observarse el todo. Es difícil describirlo de manera abstracta, pero este tipo de proyectos suele girar en torno a eventos, son participativos y colaborativos. Son *obras de arte* en la medida en que tienen una forma que es posible observar y admirar pero también son *hacer obras* al fomentar la participación del público o su conexión, de alguna manera tangible, con estos temas globales. Son herramientas para re-concebir nuestro lugar en el mundo y apreciar cómo el diseño puede emplearse para revelárnoslo.

Quizá parezca que nos hemos alejado de la arquitectura, que la exposición de dibujos hermosos ya no es necesaria. Creo que esto es cierto. Tanto la forma en que concebimos la arquitectura como la forma en que la presentamos tienen que reflejar el mundo en que vivimos. Nuestras vidas ya no se desarrollan en bellos momentos discretos, el equivalente de una villa o monumento hermoso y tranquilo, sino que están influidas por el constante flujo disruptivo de los medios de comunicación, de la política, del cambio climático y de contextos y experiencias inestables. Tanto los diseñadores como los curadores están desarrollando estrategias para operar dentro de este espacio, para entenderlo. Ésta es una práctica sintética, que atrapa y conjuga vectores a medida que pasan volando a nuestro lado. La galería, el lugar público de esta actividad, se convierte en el nodo donde estos vectores se intersectan, donde las ideas chocan y se unen; es el lugar donde esa burbuja prístina, cuyos límites son los de la arquitectura, finalmente explota.

'Five Eyes' de James Bridle, como parte de *All of This Belongs to You*, V&A, 2015.

'Five Eyes' by James Bridle, as part of *All of This Belongs to You*, V&A, 2015.

Ethics of Dust: Victoria and Albert Museum de Jorge Otero-Pailos, como parte de *All of This Belongs to You*, V&A, 2015.

Ethics of Dust: Victoria and Albert Museum by Jorge Otero-Pailos, as part of *All of This Belongs to You*, V&A, 2015.

Rory Hyde
Exhibiting the Beyond

It's often said that architecture doesn't fit in the gallery, usually as a means to justify exhibiting its representations: drawings, models and sketches of buildings created by architects. Contained within this platitude are various assumptions: that architecture is building, that buildings are created by architects, and that buildings are bigger than galleries. In order to make architecture fit in the gallery, we need to question what architecture is.

Yes, architecture is building—the spatial and material—but it also takes in the less tangible themes of politics, networks, publicness, economics, the environment and so on. These are themes which take place over time, across vast geographies, and are as much social systems as they are designed. Not only do they not fit in the gallery, they are impossible to contain in any way. And yet to exhibit architecture today, we somehow need to engage with it in this expanded form. Why? Well, that depends on what you see as the role of the gallery.

The gallery is a place for looking, for presenting things in public in order to make sense of them. The kinds of things we decide to show determine what we want to make sense of. An exhibition of drawings and models is great for making sense of the intentions of the architect. But again, that's a fairly limited version of what architecture is. And perhaps more importantly, it's a fairly limited version of what a gallery is for. It can either be for showing nice things, or it can be for assembling the material to help us make sense of the world. In architectural terms, the gallery can be a place that orders things which can inform our decisions as citizens and practitioners. And today, in our world that's radically connected and seemingly in a state of destructive flux, those decisions are ones pertaining to the wider world of spatial systems, politics and the environment.

Perhaps that grandiose obligation is more pronounced in large public galleries like the one I work in, the Victoria and Albert Museum, but I would argue that galleries of all sizes ought to engage with these larger themes if they wish to remain relevant. LIGA is only 16m^2, so to go back to our initial question, how are we going to fit it all in? One strategy is to try to enact these themes in the gallery, to present a tiny fragment through which to view the whole. It's hard to describe in the abstract, but projects of this type are often event-based, participatory and collaborative. They are both *artworks*, in that they are things which have form, which you can stand back and admire, but they are also *doing work,* by either enabling public participation, or by connecting in some real way to these global themes. They are tools for re-conceiving our place in the world, and how design can be used to reveal it.

It might feel like we're a long way from architecture by now, that the beautiful exhibition of beautiful drawings is no longer necessary. I think that's right. Both the way we conceive of architecture and the way we present it needs to reflect the world we live in. Our lives no longer play out in beautiful discrete moments, the equivalent of a beautiful discrete villa or monument, but are shaped by the constant disruptive flux of media, of politics, of climate change and of ever-shifting contexts and experiences. Both designers and curators are coming to develop strategies for operating in this space, and making sense of it. This is an integrative, synthetic practice, one that grabs hold of vectors as they whizz past, and ties them up with others. The gallery, the public site of this activity, becomes the node where these vectors intersect, where ideas are crashed together, and the pristine bubble that is the arbitrary limits of architecture is finally burst.

All of This Belongs to You neon sign, V&A, 2015.

Architecture and Its Image: Four Centuries of Architectural Representation, 1989.

Wonne Ickx
Catálogos vacíos

En los últimos años ha surgido un interés sin precedentes por el estudio de las exposiciones de arquitectura. Se le han dedicado números enteros de revistas y libros al tema, se han organizado congresos internacionales y más y más instituciones ofrecen maestrías o diplomados que establecen vínculos entre la elaboración de exposiciones y la arquitectura. Al mismo tiempo, académicos, directores de museos y curadores han puesto énfasis en la importancia de las muestras para la historia de la arquitectura.[1] A lo largo de las últimas décadas, la curaduría y exposición de arquitectura se ha convertido, sin duda, en una disciplina autónoma.

La historiadora Eve Blau escribió lo siguiente sobre la naturaleza específica de las exposiciones de arquitectura: "La información y las ideas sobre arquitectura se presentan y se dilucidan de formas muy distintas en el espacio de la galería de exposición que en el texto escrito de un libro. Esto no es sólo porque la exposición depende en mayor medida de imágenes que de palabras, sino también porque presenta los materiales de manera visual y construye su argumento de manera espacial —por montaje más que por explicación, y a través de relaciones de proximidad, yuxtaposición, contingencia, extrañamiento, etcétera, que son esencialmente espaciales".[2]

Por lo tanto, estudiar muestras de arquitectura pasadas no es una tarea fácil. De hecho, es especialmente difícil recomponer sus características espaciales: en general persiste una escasez de fotografías que muestren vistas generales de las exposiciones, planos y elevaciones de proyectos. Ya no digamos algún tipo de registro del sonido, la luz y las instalaciones multimedia. Si en realidad creemos que las exposiciones son más que sólo libros *espacializados*, hacerse una idea de los espacios, los recorridos y las perspectivas, así como de las experiencias museográficas que los visitantes estaban viviendo, es crucial para entender la escena de las muestras pasadas. Un buen punto de partida, podríamos pensar, sería consultar la documentación oficial del evento: el catálogo. Desafortunadamente, en general

1   Por ejemplo: "Es mi opinión que las exposiciones, en los más diversos formatos, han sido un instrumento vital para hacer avanzar algunos de los mayores rasgos de la arquitectura moderna desde la Ilustración, facilitando el surgimiento de un discurso crítico sobre el carácter público y las responsabilidades de la arquitectura...", Barry Bergdoll, "Out of Site/In Plain View: On the Origins and Actuality of the Architecture Exhibition", en *Exhibiting Architecture: A Paradox?*, Eeva-Liisa Pelkonen (ed.), New Haven, YSOA, 2015, p. 14.

2   Eve Blau, "Reviewing Architectural Exhibitions, Exhibiting Ideas", en *JSAH*, vol. 57 (septiembre de 1998), núm. 3, p. 256.

los catálogos de exposiciones no nos llevan más lejos de una revisión factual del contenido de la muestra, una introducción del curador y algún ensayo u observaciones adicionales.

Por tomar un ejemplo que tengo a la mano en mi librero: el pesado catálogo publicado en 1989 para acompañar a la ambiciosa exposición "Arquitectura y su imagen"[3] del Centro Canadiense de Arquitectura (Canadian Center for Architecture, CCA). La exposición se presentó para celebrar el décimo aniversario de la institución y la apertura de su nueva sede que estaba recién construida. El catálogo, de 370 páginas, comienza con una serie de ensayos largos y luego, en la segunda parte, sigue "el catálogo" propiamente dicho, que muestra los artefactos, dibujos e imágenes de la exposición, claramente divididos en los tres mismos capítulos que constituyen la muestra. Aunque este catálogo y la exposición son incidentalmente también de Eve Blau, en colaboración con Edward Kaufman, en el extenso volumen no hay ningún rastro, en absoluto, de la "experiencia visual" y los "argumentos espaciales" antes mencionados. El catálogo aquí reproduce simplemente su esencia etimológica: un *kata-logos* o "cuenta completa", una lista, un registro.

Los catálogos, la contraparte duradera de la efímera exposición arquitectónica, en efecto se quedan cortos si deseamos reconstruir las relaciones, esencialmente espaciales, de proximidad, yuxtaposición, contingencia y extrañamiento explicadas por Blau. Como punto de partida, existe el problema práctico de que muchos catálogos comprehensivos están planeados para ser impresos y listos para distribución el día de la inauguración de la muestra y, por lo tanto, simplemente no pueden incluir fotografías de las salas de exposición terminadas. Para permitir una cierta flexibilidad en el montaje de exposición y en los cambios de última hora, los catálogos rara vez aportan información espacial, como planos, alzados o aspectos detallados del diseño de la exposición. Con suerte podemos encontrar estos dibujos brevemente reseñados en una monografía sobre el arquitecto o diseñador a cargo. En el mejor de los casos podríamos rearmar un mapa espacial de estas exposiciones al combinar las diferentes fuentes: imágenes, dibujos y texto pero, en general, la reconstrucción de la distribución espacial de exposiciones pasadas es un hueso duro de roer. Estudiar exposiciones a través de sus catálogos es similar a analizar un filme sin ver la película.

Los catálogos de exposiciones contemporáneas parecen haber comprendido este problema. Si tomamos, por ejemplo, como contraparte del caso anterior, el último catálogo del CCA que tengo

[3] Eve Blau y Edward Kaufman (eds.), *Architecture and Its Image: Four Centuries of Architectural Representation*, Montreal y Cambridge, Mass., CCA/The MIT Press, 1989.

[4] *AP164: Ábalos & Herreros. Selección de Kersten Geers y David Van Severen, Juan José Castellón González, Florian Idenburg y Jing Liu, con una interpretación fotográfica de Stefano Graziani*, Montreal-Zurich, Canadian Center for Architecture + Park Books, 2016.

en mi mesa de trabajo, notamos una aproximación completamente distinta. El libro *AP164: Ábalos & Herreros*[4] es un catálogo que documenta tres pequeñas muestras consecutivas, basado en los archivos de Iñaki Ábalos y Juan Herreros, donados recientemente al CCA. Forma parte de la "Out of the Box Series", un proyecto en curso del CCA en el cual se presenta al público material nuevo adquirido por la institución mediante un programa de investigación abierto que deconstruye las nociones de catalogación, investigación y exposición en un solo gesto. En este caso es Giovanna Borassi quien lleva el proceso y selecciona tres equipos curatoriales (Office KGDVS, Juan José Castellon y SO-IL) para examinar el nuevo material. Sin entrar demasiado en el formato de la exposición o en las propuestas curatoriales específicas, podemos observar cambios notables en el contenido y la estructura del catálogo. Por ejemplo, la distribución espacial de la muestra desempeña un papel fundamental: la sala octagonal en la que se realizó la exposición es retratada cuidadosamente, comenzando con una toma de la sala de entrada. Estas vistas de la exposición son las únicas imágenes impresas a doble página en el libro, ilustrando la importancia de la experiencia espacial de la exposición. En el caso de SO-IL hay incluso un dibujo detallado del patrón de la alfombra que diseñaron para la exposición. En segundo lugar, los curadores aparecen: ataviados con guantes blancos, encogidos sobre sus *laptops*, recobrando objetos de unas cajas de madera, examinando diapositivas con lentes de aumento y escuchando listas de reproducción encontradas. Todo el proceso se documenta (desde la apertura inicial de las cajas, los folders y los archivos, hasta el momento en que los sujetos mismos —Iñaki Ábalos y Juan Herreros— visitan la muestra y participan en las mesas redondas de discusión). Inclusive el fotógrafo es fotografiado.

  Aunque la comparación no se justifica del todo (las dos exposiciones tienen diferentes objetos, ambiciones y metas) claramente ilustra un cambio de actitud respecto de la conceptualización, producción y documentación de exposiciones a través de los catálogos. Ejemplifica un cambio que parte del concepto de "índice de obras" y evoluciona hacia un proceso de creación de exposiciones: de una atención concentrada en la indexación de materia prima hacia la completa experiencia de la muestra como proceso de investigación. Los catálogos contemporáneos, como el mencionado aquí arriba, llenan las lagunas que dejan las publicaciones tradicionales y reconocen la importancia de la exposición como un constructo espacial, subrayando la necesidad de que sean documentadas como tales.

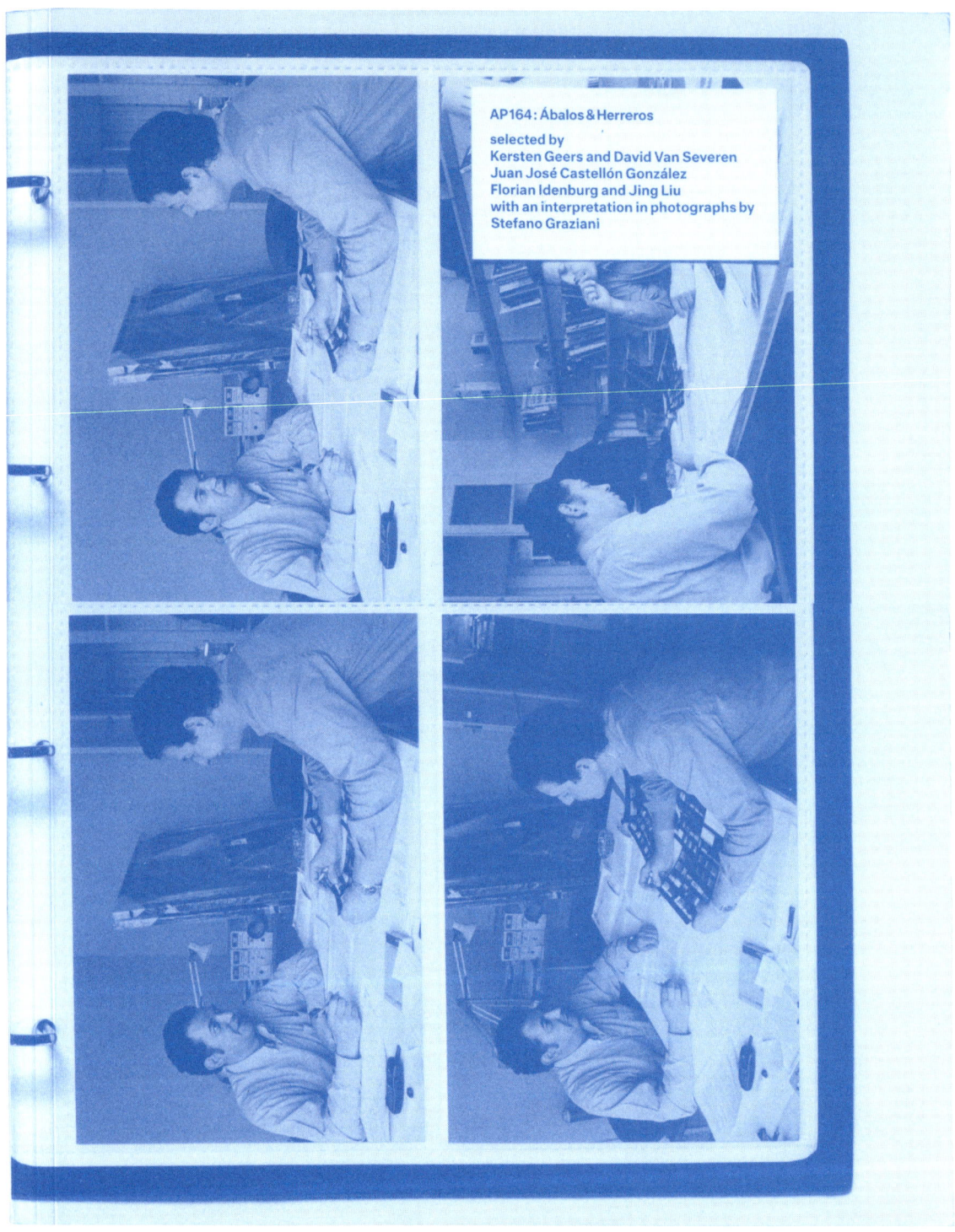

AP164: Ábalos & Herreros, 2016.

Wonne Ickx
Empty Catalogues

In recent years an unprecedented interest in the study of architecture exhibitions has emerged. Whole issues of magazines and books have been dedicated to the subject, international congresses have been organized and more and more institutions offer masters degrees or diplomas that establish crossovers between architecture and exhibition making. Simultaneously scholars, museum directors and curators have enthusiastically highlighted the importance of exhibitions in shaping architectural history.[1] In recent decades, curating and exhibiting architecture has indeed become a discipline in itself.

Architectural historian Eve Blau wrote the following on the specific nature of architecture exhibitions: "Information and ideas about architecture are presented and elucidated very differently in the space of the exhibition gallery than they are in the written text of a book. This is not only because the exhibition relies more heavily on images than on words, but because it presents its subject visually and constructs its arguments spatially—by assembly rather than explication, and through relationships of proximity, juxtaposition, contingency, estrangement, and so on, that are essentially spatial."[2]

Studying past architecture exhibitions adequately is therefore not an easy task. It is especially hard to piece together the spatial characteristics of former architecture exhibitions: there is a general scarcity of photographs of general exhibition views, floor plans and elevations of past exhibition projects. Let alone some kind of record of sound, light and multimedia installations. If we believe that exhibitions are indeed more than just spatialised books, getting an idea of the spaces, routes, perspectives and exhibition design experiences visitors were undergoing, is crucial to understanding the essence of past exhibitions. A good starting point—we might think—would be to consult the official documentation of the event: the catalogue. Unfortunately, exhibition catalogues in general do not take us any further than a factual overview of the exhibited content, an introduction by the curator and some additional essays or observations.

1 For example: "it is my contention that exhibitions, in the most diverse formats, have been vital instruments for advancing some of the greatest features of modern architecture since the Enlightenment, facilitating the emergence of a critical discourse on the public character and the responsibilities of architecture..." Barry Bergdoll, "Out of Site/In Plain View: On the Origins and Actuality of the Architecture Exhibition," in *Exhibiting Architecture: A Paradox?* Eeva-Liisa Pelkonen (ed.), YSOA, New Haven, 2015, p. 14.

2 Eve Blau, "Reviewing Architectural Exhibitions, Exhibiting Ideas," JSAH, vol. 57 (Sept. 1998), nr. 3, p. 256.

To pick out just one example I have at hand on my bookshelf: the weighty catalogue published in 1989 to accompany the ambitious exhibition "Architecture and Its Image"[3] by the Canadian Center for Architecture (CCA). The exhibition was presented to celebrate the 10th anniversary of the institution and the opening of the CCA's newly built venue. The 370-page catalogue starts off with a series of lengthy essays and then continues into a second part—"The Catalogue" proper—that depicts the artifacts, drawings and images of the exhibition, neatly divided into the three same chapters that constitute the show. Even though this catalogue and exhibition are coincidentally also by Eve Blau, in collaboration with Edward Kaufman, there is absolutely no trace in the extensive volume of the above-mentioned "visual experience and spatial arguments." The catalogue is here simply reproducing its etymological essence: a *kata-logos* or "complete count," a list, a register.

Catalogues—the enduring counterpart of the ephemeral architecture exhibition—do indeed fall short if we wish to reconstruct the essentially spatial relationships of proximity, juxtaposition, contingency and estrangement explained by Blau. As a starting point there is the practical problem that many comprehensive catalogues are planned to be printed and bound ready for distribution by the day the exhibition opens, and therefore simply cannot include photographs of the finished exhibition rooms. To allow for a certain flexibility in the exhibition mounting and last minute changes, catalogues rarely provide spatial information such as plans, elevations or detailed aspects of the exhibition design. If we are lucky we can find these drawings briefly mentioned in a monograph on the architect or designer in charge. In the best-case scenario we would be able to piece together a spatial map of these exhibition by combining these different sources of images, drawings and text, but in general reconstructing the spatial layout of past exhibitions is a hard nut to crack. Studying exhibitions through their catalogues most closely resembles analyzing a movie without seeing the film.

Contemporary exhibition catalogues seem to have understood this problem. If we take for example—as a counterpart to the previous case—the latest catalogue by the CCA I have on my work desk, we notice a completely different approach. The book *AP164: Ábalos & Herreros*[4] is a catalogue documenting three small consecutive exhibitions based on the archives of Iñaki Ábalos and Juan Herreros, which were recently donated to the CCA. It forms part of the "Out of the Box Series," an ongoing project of the CCA in which new

3   Eve Blau and Edward Kaufman (eds.), "Architecture and Its Image: Four Centuries of Architectural Representation," Montreal and Cambridge, Mass., CCA/The MIT Press, 1989.

4   *AP164: Ábalos & Herreros. Selected by Kersten Geers and David Van Severen, Juan José Castellón González, Florian Idenburg and Jing Liu, with an interpretation in photographs by Stefano Graziani*, Canadian Center for Architecture-Park Books, Montreal-Zurich, 2016.

material acquired by the institution is presented to the public by means of an open research project, collapsing the notions of cataloguing, investigation and exhibition into one single gesture. In this case it is Giovanna Borassi who leads the process and selects three curatorial teams (Office KGDVS, Juan José Castellon and SO-IL) to examine the new material. Without going too much into the exhibition format or specific curatorial proposals, we can observe noticeable changes in the content and structure of the exhibition catalogue. For instance, the spatial layout of the exhibition plays a fundamental role: the octagonal exhibition room in which the exhibition took place is carefully portrayed, starting with a shot of the entrance sequence. These exhibition views are the only images printed full spread in the book, illustrating the importance of the spatial experience of the exhibition. In the case of SO-IL there is even a detailed drawing of the carpet pattern they designed for the exhibition. Secondly, the curators appear: adorned with white gloves, they bend over their laptops, retrieve objects from wooden crates, examine slides with magnifying glasses and listen to found playlists. The whole process (from the initial opening of boxes, folders and files to the moment when the subjects themselves—Iñaki Ábalos and Juan Herreros—visit the exhibition and participate in a round table discussion) is documented. Even the photographer is photographed.

Although the comparison is not completely justified—the two exhibitions have different subjects, ambitions and goals—it clearly illustrates a change in attitude towards conceptualizing, producing and documenting exhibitions through catalogues. It exemplifies a shift from the final "index of works" towards the process of exhibition making: from a concentrated attention on the indexation of primary matter towards the complete experience of the exhibition as research process. Contemporary exhibition catalogues, such as the one mentioned above, fill in the blanks left by traditional exhibition publications and recognize the importance of the exhibition as a spatial construct, stressing the need for them to be documented as such.

Carlos Mínguez Carrasco

Ímpetu compartido: arquitectura y curaduría

Siempre me ha parecido revelador el ímpetu —la ambición, la generosidad— de aquellos que deciden abrir un espacio cultural para la arquitectura. El momento inicial en el que se firma el trato, en el que se dice *sí* (también en el que se dice no, ya que esos momentos siempre son una conjura, una reacción a una forma de entender la arquitectura con la que no se está de acuerdo), tiene algo de emancipación, de independencia, de alternativa.

También imagino un segundo momento. No es tan glamuroso, pero es más significativo. Imagino ese mismo espacio cinco años más tarde, diez años más tarde, treinta años más tarde. El lugar ha cambiado poco o nada, pero imagino una comunidad fiel, una institución y un acervo cada vez más robustos, una inteligencia acumulada.

El hilo que une esos dos momentos está lleno de un sinfín de pequeñas decisiones sobre cómo presentar y discutir arquitectura. Escoger, editar, formatear, colocar, presentar, explicar, criticar, revelar, repensar, seleccionar, proyectar, publicar, descubrir, distinguir, esbozar, nombrar, mostrar, todos esos momentos —aunque los llamemos curaduría— son también una forma de diseño.

Los ejercicios curatoriales, ya sea en relación con el montaje de exposiciones, la edición de publicaciones o la organización de grandes eventos se han multiplicado en los últimos años. La curaduría de arquitectura cada vez está más presente en los espacios de producción cultural contemporáneos, sean museos, galerías, instituciones de investigación, universidades, bienales, trienales e incluso han sido incorporados a la plantilla de estudios de arquitectura y a las tareas de los despachos. Cada vez es más común encontrar arquitectos, sin importar su grado de consolidación o formación previa, que trabajan como curadores. Si bien históricamente las exposiciones de arquitectura han ofrecido espacios para la renovación de la reflexión, la crítica y la experimentación de la disciplina, en los últimos años esta condición se ha consolidado y extendido a un ritmo acelerado.

El trabajo curatorial expande los modos tradicionales de ejercer la profesión del arquitecto. Debido a la naturaleza de la construcción arquitectónica, el campo de la curaduría en arquitectura se enfrenta a la imposibilidad de exponer construcciones en su escala, contexto físico, social y legal primigenio. Por tanto, la curaduría de arquitectura ha tenido que recurrir fundamentalmente a dos estrategias: el desplazamiento y la representación. Es precisamente esta imposibilidad de introducir un edificio en la galería lo que crea un espacio de oportunidad para la práctica curatorial contemporánea en arquitectura: dar a conocer las complejidades en las que se inserta la disciplina, analizando los éxitos y fracasos de nuestro entorno construido.

Los formatos expositivos permiten analizar y comunicar la influencia que tiene la arquitectura en la realidad en que vivimos, o viceversa. No sólo se trata de conocer la práctica disciplinaria, sino el papel que ésta tiene en los procesos culturales, políticos y sociales actuales. Esto coloca la exposición de arquitectura en un espacio no tanto de selección —el dedo que señala—, sino de diseño de una plataforma abierta, subjetiva, narrativa, de discusión, donde los documentos, objetos y ambientes dialogan entre sí con el propósito de articular un pensamiento. Más cercano al teatro que a la disertación, más próximo al ensayo que a una reseña, el montaje de exposiciones de arquitectura se encuentra en la intersección de la presentación de dispositivos de investigación y representación arquitectónica, la construcción escenográfica de una argumentación crítica y el diseño de acciones performativas que incluyen objetos, espacios, ideas y cuerpos. El espacio en el que se expone, sus connotaciones institucionales, su naturaleza pública y el diseño museográfico son igual de importantes que los elementos expuestos.

Entiendo mi trabajo de curador como parte de mi práctica como arquitecto. Durante los últimos diez años he desarrollado proyectos curatoriales desde diferentes facetas y marcos institucionales. En un principio a través de la formación PKMN, un equipo de arquitectos fundado en Madrid en 2006, donde empezamos a entender las exposiciones y las intervenciones en espacios públicos como una manera de desarrollar ciertas ideas arquitectónicas utilizando formatos más allá de la construcción de un edificio. Posteriormente por mi experiencia como curador en una institución sin ánimo de lucro como Storefront for Art and Architecture, y de modo independiente como curador de la Trienal de Arquitectura de Oslo en 2016, junto con un equipo de arquitectos que hemos llamado After Belonging Agency.

Storefront

Mi experiencia como curador asociado en la institución neoyorquina Storefront for Art and Architecture me ha permitido conocer de cerca múltiples y heterogéneas maneras de exponer arquitectura. Fundada en 1982 por Kyong Park y RL Seltman, Storefront for Art and Architecture es de las pocas instituciones independientes que durante sus más de treinta años se han dedicado de manera constante a exponer arquitectura, así como a explorar su relación con otras disciplinas. Al estudiar, en su archivo, el trabajo tanto de sus fundadores como de posteriores directores —incluyendo a Shirin Neshat, Sarah Herda y Joseph Grima— pueden analizarse los diferentes papeles que el director, que habitualmente operaba también como curador, ha tenido en cada caso; cuál ha sido el papel de la espacialidad expositiva y cómo se ha entendido y presentado la arquitectura (y el arte). Desde la utilización de la propia galería como un solar para comisionar instalaciones *site-specific* (*Unprojected Habit*, 1992); la presentación de un argumento en forma de exposición (*Queer Space,* 1994); la exposición de proyectos y autores poco o nada conocidos en Nueva York (Petra Blaisse en *Movements: Introduction to a Working Process,* 2000), la reivindicación del papel del arquitecto en una disputa sobre el espacio público de la ciudad (*Adam's House in Paradise*, 1984) o la exhibición de las connotaciones políticas de la arquitectura (*White House Redux*, 2008).

Mi experiencia directa como curador en Storefront, junto con su actual directora Eva Franch i Gilabert, se ha desarrollado en varias líneas de investigación, relacionadas de manera especial con el replanteamiento del papel del arquitecto en la toma de decisiones para la construcción de la ciudad (*Letters to the Mayor*, 2014-2016); la práctica arquitectónica en un mundo globalizado (*OfficeUS*, 2014, *World Wide Storefront*, 2014) y las formas de construcción cultural en un marco neoliberal (*No Shame: Storefront for Sale*, 2013).

En todos estos proyectos hay una intención, no tanto de exponer arquitectura, sino de exponer para la arquitectura. Al presentar ideas para el avance de la disciplina, estos proyectos curatoriales evitan centrarse en la selección de los mejores despachos o edificios, para producir una plataforma de actuación donde se ensaya de distintas maneras la función del arquitecto y de la arquitectura en respuesta a controversias contemporáneas acuciantes.

Storefront se ha erigido durante años no sólo como un espacio expositivo, sino como un lugar de reunión para la comunidad arquitectónica en constante transformación, con una dinámica de programación de alta densidad. Su programa consta de seis exposiciones al año, eventos semanales, varios concursos anuales, la edición de libros e iniciativas a largo plazo. Pero lo que hace de Storefront un espacio único es su apuesta institucional por el desarrollo crítico y experimental del diseño de la ciudad, el territorio y la vida pública en relación con los problemas más apremiantes en nuestras sociedades contemporáneas. Un espacio que está constantemente poniendo en duda los convencionalismos con los que se construye la cultura arquitectónica.

Siempre conviene recordar al heterodoxo fundador de Storefront, Kyong Park, que en uno de sus escritos, al referirse a la fachada de la institución diseñada por Steven Holl y Vito Acconci, lo puso todo en duda: "*No Wall, No Barrier, No Inside, No outside, No space, No Building, No Place, No Institution, No Art, No Architecture, No Acconci, No Holl, No StoreFront. (No Money)*".

Pertenencia
Como curador independiente he tenido la oportunidad de organizar la Trienal de Arquitectura de Oslo 2016 junto con un equipo de curadores formado por Lluís Alexandre Casanovas Blanco, Ignacio G. Galán, Alejandra Navarrete Llopis y Marina Otero Verzier. El proyecto, llamado *After*

Belonging: A Triennale In Residence, On Residence and The Ways We Stay In Transit, reflexiona sobre la respuesta arquitectónica a la actual transformación de la pertenencia, tanto a los espacios que habitamos, como a los objetos que nos rodean. El proyecto curatorial analiza la agencia de la arquitectura en procesos de transformación social contemporáneos, que van desde la migración, el turismo y los flujos económicos, entre otros. *After Belonging* plantea cómo la idea de "estar en casa" se ha redefinido en los últimos años, transformando los espacios que habitamos en sus diferentes escalas de actuación, desde los domésticos hasta los que definen las fronteras nacionales.

En una trienal en la que se estudiaron procesos de construcción de pertenencia transfronterizos, unos espejos del tamaño de una moneda no lograron pasar la frontera —saliendo del Líbano de camino a Oslo— porque tenían la palabra "revolución" inscrita en ellos ("Monuments of the everyday", Khaled Malas). En cambio, un pedazo de suelo mexicano, tras una serie de burocracias, pudo atravesar el océano para ser expuesto en Oslo como reflexión de las arquitecturas de remesas. ("Longing for Belonging", Frida Escobedo y Guillermo Ruiz de Teresa). La soja, en un proceso que incluye la deforestación del Amazonas con la implantación de granjas de cultivo extensivas, tampoco tiene problema en cruzar fronteras. Es exportada desde Brasil a decenas de países y transformada en comida para peces; en este caso, salmón noruego. ("In the Frontiers of Climate Change", Paulo Tavares). Así se expone en el texto curatorial: no todas las cosas ni todas las personas se mueven del mismo modo.

Nos tomamos nuestro papel de curadores en jefe de la trienal como una oportunidad para el desarrollo de un proyecto de investigación sobre los procesos contemporáneos de construcción de pertenencia y su relación con la arquitectura. Como parte de las primeras acciones programáticas, lanzamos un concurso internacional para la presentación de estrategias de intervención en diez lugares localizados alrededor del mundo que funcionaron como casos de estudio del proyecto. La selección de estos casos de estudio fue fundamental para poder dar a entender las diferentes narrativas del proyecto curatorial a través de casos particulares. Los cinco curadores trabajamos como equipo, tomando todas las decisiones a través de una autoría compartida: desde la escritura de los textos hasta el diseño de las exposiciones, pasando por la selección de trabajos y la edición de los textos para publicación.

Una de las vertientes más importantes de nuestro trabajo en la trienal fue la redefinición de los formatos. Convocamos a más de cien participantes a formar parte de las diversas plataformas curatoriales: la exposición *On Residence*, sobre el papel de la arquitectura en los procesos de transformación de pertenencia; la exposición *In Residence*, sobre cómo la arquitectura puede intervenir en diez casos de estudio; una publicación en la que se reúnen ensayos que reflexionan sobre el pasado y el presente de estos procesos; una conferencia en la que se invita a discutir a arquitectos, sociólogos y políticos sobre el futuro de la práctica arquitectónica en relación con cuestiones de identidad, migración y turismo; una academia donde se reúne a más de 120 estudiantes de escuelas de arquitectura de alrededor del mundo para hacer un taller sobre pertenencia y arquitectura y, finalmente, una embajada donde se construye un espacio de discusión que da voz a comunidades minoritarias en torno a ideales relacionados con la "democracia sin Estado".

La experiencia de trabajar como curadores de una trienal nos ha permitido arriesgar en el desarrollo de conceptos y formatos que otro tipo de plataformas institucionales nos habrían impedido. Hemos tomado el espacio de la "Trienal" no como una celebración de los proyectos más exitosos de los últimos años, sino como una plataforma de investigación y de reflexión crítica sobre conceptos que la disciplina arquitectónica no estaba discutiendo.

El hilo argumental, si es que existe algo parecido, que une mis diferentes experiencias como arquitecto y curador es el de tener una vocación pública de discusión y divulgación del impacto que la arquitectura tiene en la construcción de nuestras sociedades, más allá del ámbito disciplinario.

El mayor reto de la práctica curatorial en arquitectura, en la actualidad, es precisamente ser capaz de definir un campo de especialización más allá de la mera comunicación de la disciplina. Un espacio de investigación que se especialice en la construcción de pensamiento crítico mediante el encargo, intervención y relación de la producción de obras ajenas como material constructivo.

Montaje de la exposición *On Residence*, Oslo Architecture Triennale, 2016.

Installation of the *On Residence*, Oslo Architecture Triennale, 2016.

Carlos Mínguez Carrasco

Shared Impetus: Architecture and Curating

I've always been impressed by the drive—the ambition, the generosity—of people who decide to open a cultural space for architecture. That initial moment when the agreement is signed, when they say *yes* (though they are also saying *no*, since such moments are always an exorcism, a reaction to a way of understanding architecture they disagree with), has something of emancipation, of independence, of an alternative about it.

I also imagine a second moment. It is not as glamorous, but it is more meaningful. I imagine the same space five years later, ten years later, thirty years later. The site may have changed little or not at all, but I imagine a faithful community, an increasingly robust institution and archive, an accumulated intelligence.

The thread that links these two moments is filled with countless small decisions about how to present and discuss architecture. To choose, to edit, to format, to place, to present, to explain, to criticize, to reveal, to rethink, to select, to plan, to publish, to discover, to distinguish, to outline, to name, to show, all those moments—even if we call them curating—are also a form of designing.

Exercises in curating have multiplied in recent years, whether in relation to mounting exhibitions, editing publications, or organizing events. Curating architecture is increasingly present in contemporary spaces of cultural production, including museums, galleries, research institutes, universities, biennials, triennials, and have even been incorporated into architecture study programs and the work of studios. It is more and more common to find architects working as curators, regardless of their professional or educational background. While in the past architecture exhibitions provided spaces for renewing reflection, criticism and experimentation in the discipline, this is something that has rapidly consolidated and expanded.

Curatorial work extends the traditional set of ways of exercising the architect's profession. Due to the very nature of architectural construction, the sphere of curating architecture shows confronts the impossibility of exhibiting buildings at scale, and in their physical, social and legal context. As a result, curators have had to resort to two basic strategies: displacement and representation. It is this very impossibility of bringing the building into the gallery that creates a space of opportunity for contemporary curatorial practice in architecture: revealing the complexities of the discipline, analyzing the successes and failures of our built environment.

The exhibition formats allow us to analyze and communicate the influence of architecture on the world we live in—and vice versa. It is not only a question of learning about how the discipline works, but the role it plays in current cultural, political and social processes. This locates architecture exhibitions in a space that is less about selection—the pointing finger—than about designing an open, subjective and narrative platform for discussion, where documents, objects and installations dialogue with each other in order to articulate an idea. Closer to theater than to dissertation, more like an rehearsal than a review, mounting an architecture exhibition stands at the junction of presenting slides on architecture research and representation, and the visual construction of a critical argument and the design of performative actions that includes objects, spaces, ideas and bodies. The space where it is shown, the institutional connotations, its public character and the exhibition design are just as important as the elements displayed.

I understand my work as curator as part of my practice as an architect. Over the past ten years I have developed exhibition projects on the basis of different institutional aspects and frameworks. Initially, this was with PKMN, a team of architects founded in Madrid in 2006, where we began to understand exhibitions and interventions in public spaces as a way of developing certain architectural ideas using formats that went beyond the construction of a building. Later, it was through my experience as curator at a not-for-profit institution like Storefront for Art and Architecture, and as an independent curator at the Oslo Architecture Triennale in 2016, as part of a team of architects we called After Belonging Agency.

Storefront

My experience as curator at the New York institution Storefront for Art and Architecture enabled me to gain insight into the many different ways of exhibiting architecture. Founded in 1982 by Kyong Park and RL Seltman, Storefront for Art and Architecture is one of the few independent institutions that for over thirty years has consistently focused on exhibiting architecture, and exploring its relationship with other disciplines. Studying the work of its founders and subsequent directors in its archives—including Shirin Neshat, Sarah Herda and Joseph Grima—it is possible to analyze the different roles played by the director, who usually also functions as curator, together with the roles of the exhibition space and how architecture (and art) has been understood and presented. These range from the use of the gallery as a base for commissioning site-specific installations (*Unprojected Habit*, 1992); to the presentation of an argument in the form of an exhibition (*Queer Space,* 1994); the exhibition of projects and authors barely known in New York (Petra Blaisse in *Movements: Introduction to a Working Process,* 2000), the affirmation of the architect's role in a debate on public space in the city (*Adam's House in Paradise*, 1984), or an exhibition on the political connotations of architecture (*White House Redux*, 2008).

My direct experience as a curator at Storefront, together with its current director Eva Franch i Gilabert, has developed across several different lines of research, particularly to do with rethinking the architect's role in taking decisions on building the city (*Letters to the Mayor*, 2014-2016); architectural practice in a globalized world (*OfficeUS*, 2014, *World Wide Storefront*, 2014) and the forms of cultural construction in a neoliberal context (*No Shame: Storefront for Sale*, 2013).

In all these projects the intention is not so much to exhibit architecture as to exhibit *for* architecture. By presenting ideas for the advancement of the discipline, these curatorial projects avoid focusing on the selection of the best studios or buildings and instead seek to produce a platform for action, where the function of the architect and of architecture is tried out in different ways, in response to pressing contemporary controversies.

For years, Storefront has established itself not only as an exhibition space, but as an ever-evolving meeting place for the architecture community, with a high-density programing dynamic. The program comprises six exhibitions per year, weekly events, several annual competitions, book publishing and long-term initiatives. But what makes Storefront a unique space is its institutional backing for critical and experimental development of design for the city, for the territory and for public life, in relation to the most pressing problems in contemporary society. It is a space that is continually calling into question the conventional wisdom on which architectural culture is built.

It is always worth recalling the founder of Storefront, Kyong Park, who cast doubt on everything when he wrote of the gallery's façade, designed by Steven Holl and Vito Acconci: "*No Wall, No Barrier, No Inside, No Outside, No Space, No Building, No Place, No Institution, No Art, No Architecture, No Acconci, No Holl, No StoreFront. (No Money)*".

Belonging
As an independent curator I had the opportunity to prepare the Oslo Architecture Triennale in 2016, as part of a team of curators comprising Lluís Alexandre Casanovas Blanco, Ignacio G. Galán, Alejandra Navarrete Llopis and Marina Otero Verzier. This project, called *After Belonging: A Triennale In Residence, On Residence and The Ways We Stay In Transit* reflects on the architectural response to the current transformation in belonging, both in the spaces we inhabit and in the objects that surround us. The curatorial project analyzes the agency of architecture in contemporary processes of social transformation, which range from migration to tourism to the flow of money. *After Belonging* looks at how the idea of "being at home" has been redefined in recent years, transforming the spaces we inhabit at their different scales of action, from the domestic sphere to national borders.

For a triennial that turned its gaze to the processes of building cross-border processes of belonging, mirrors the size of a coin were unable to cross the border—leaving Lebanon for Norway—because they had the word "revolution" written on them ("Monuments of the Everyday" by Khaled Malas). By contrast, following a bureaucratic process, a section of Mexican soil was removed and crossed the ocean to be exhibited in Oslo as a reflection on the architecture of remittances ("Longing for Belonging," Frida Escobedo and Guillermo Ruiz de Teresa). Another material that had no problem crossing borders was soya, in a process that takes in the deforestation of the Amazon and the creation of large-scale farms. It is exported from Brazil to dozens of countries to be made into fish food, in this case, for Norwegian salmon. ("In the Frontiers of Climate Change," Paulo Tavares). As the exhibition text declared, not all things and not all people move around in the same way.

We treated our role as lead curators of the Triennale as an opportunity to develop a research project on contemporary processes of construction of belonging, and their relationship with architecture. As part of the first program actions, we launched an international competition for the presentation of intervention strategies in ten sites located around the world that functioned as case studies for the project. The selection of these case studies was key to communicating the different narratives of the curatorial project through specific examples. The five curators worked as a team, taking all the decisions jointly, from writing the texts to designing the exhibitions, as well as selecting the work and editing texts for publication.

One of the most important aspects of our work on the Triennale was redefining the formats we worked in. We called on over 100 participants to create the different platforms we curated: the exhibition *On Residence*, on the role of architecture in the processes of transformation of belonging; the exhibition *In Residence*, on how architecture can have an impact in ten case studies; a publication bringing together essays reflecting on the past and present of these processes; a conference for architects, sociologists and politicians to discuss the future of architectural practice in relation to questions of identity, migration and tourism; an academy that assembled over 120 students from architecture schools around the world to take a workshop on belonging and architecture; and, finally, an embassy that established a platform of discussion to hear the voices of minority communities in relation to ideals concerning "stateless democracy."

The experience of working as curators at a triennial has allowed us to take risks in developing concepts and formats that other types of institutional platforms would not have allowed. We took advantage of the Triennale space not to celebrate the most successful projects of recent years, but as a platform for research and critical reflection on concepts that were not being discussed by the discipline of architecture.

The thread of the argument, if we can call it that, which brings together my different experiences as an architect and curator is a public vocation for discussing and disseminating the impact of architecture on the construction of our societies, beyond the field of the discipline.

The greatest challenge for curatorial practice in architecture today is the ability to define a field of specialization beyond simple communication of the discipline. A space for research that specializes in the construction of critical thought through the commission, intervention, and reporting of other works as construction material.

Florencia Rodríguez
Presentar, representar

> La cultura se refiere tanto a la invención como a la preservación, a la discontinuidad como a la continuidad, a la novedad como a la tradición, a la rutina como a la ruptura de modelos, al seguimiento de las normas como a su superación, a lo único como a lo corriente, al cambio como a la monotonía de la reproducción, a lo inesperado como a lo predecible. La ambivalencia nuclear del concepto de cultura refleja la ambivalencia de la idea de orden construido, la piedra angular de la existencia moderna.
>
> Zygmunt Bauman

Es casi imposible enumerar todas las bienales y muestras de arquitectura que han surgido en la última década en todas partes del globo. Lo mismo pasa con las publicaciones impresas o digitales relacionadas con arquitectura y tantas otras formas contemporáneas de ensayo de ideas e interpretaciones en torno al ejercicio de la disciplina, así como con la cantidad de voces y opiniones que se generan en las redes sociales.

Esto nos enfrenta a la pregunta sobre la crítica arquitectónica contemporánea, su pertinencia, sus modos, su relevancia y sus posibles sentidos. En esta constelación actual de fenómenos comunicativos se multiplicaron sin duda los espacios o canales de acción, pero son pocas las experiencias que en el tiempo logran tener un impacto concreto y expansivo, que empujan bordes, que dan lugar a algún tipo de contribución disciplinaria.

Las exposiciones o instalaciones efímeras parecen ser un medio ideal para los modos de comunicación que hoy nos definen como arquitectos. Abren posibilidades de presentar narrativas curatoriales, de desafiar los puntos de vista, de poner el pensamiento en acción mientras se propone una experiencia pública.

Si pensamos esto frente a un panorama histórico más amplio, entenderemos que el siglo XX fue el periodo de tiempo que dio lugar a la formalización de una cultura arquitectónica e incluso a la invención de la teoría de arquitectura como tal. Durante la consolidación de ese contexto, las exposiciones se convirtieron en dispositivos de ensayo de ideas, de enunciación de tesis teóricas y de reunión de los actores que estaban promoviendo diferentes maneras de hacer o de pensar.

Se podrían entender como precedentes paradigmáticos de estas cuestiones los casos de las exposiciones universales modernas, a partir de las que se posicionaron temas o asuntos culturales diversos. Pensemos que los pabellones que se presentaban significaron muchas veces una excusa para debates en periódicos que alcanzaron a un público más amplio. Basta con recordar el Palacio de Cristal o la Torre Eiffel y el impacto que tuvieron en sus contextos específicos para luego convertirse en signos de cambio.

Seguramente también podríamos señalar un hito del valor específico disciplinario de estas cuestiones con la apertura del MoMA de Nueva York en 1930 y el sentido historiográfico que cobraron algunas exhibiciones allí presentadas. La del estilo internacional, *Modern Architecture: International Exhibition*, curada por Philip Johnson y Henry-Russell Hitchcock e inaugurada en 1932, fue sin duda fundacional en términos de la constitución de discursos a partir de una experiencia expositiva. Le seguirían otras como *Brazil Builds* (1943) o *Latin American Architecture since 1945* (1955), que llegaron a ser utilizadas como herramientas de políticas de Estado. Incluso el último "ismo" del siglo —el deconstructivismo— tuvo allí su esplendor, proclamación y derrumbe (*Deconstructivist Architecture*, 1988).

Estas experiencias no van necesariamente acompañadas de un consenso generalizado, pero podríamos afirmar que reunir producciones y personas, poner títulos y presentarlos al público, da algo de qué hablar. Y eso no es poca cosa: sino una oportunidad colectiva de pensamiento crítico.

Por otro lado, entendemos que la posmodernidad se caracteriza por cuestiones como la evidente des-diferenciación de esferas culturales, la muerte del sujeto o el fin del individualismo moderno, la moda de la nostalgia, la lógica del pastiche y la proliferación del discurso teórico tal como ha sido elaborado por pensadores como Fredric Jameson o Perry Anderson entre otros. La salida del arte de los museos hacia las ciudades, el *land art*, o la aparición de la pantalla como posibilidad de espacio de las prácticas artísticas, son síntomas culturales de un sentido del mundo mucho más complejo, difícil de reducir y cuya representación deja espacios para aquello irrepresentable o no sintetizable.

En las últimas décadas, todo esto favoreció la aparición de espacios menos institucionales que fueron recibidos con mucho ímpetu porque parecían abrir posibilidades de ruptura, o al menos de corrimiento y atomización de la vieja idea obsoleta de un gran relato universalista. Algunos de estos lograron tal aceptación que hoy son referencias del *mainstream*, como el Storefront for Art and Architecture de Nueva York. Muchos de estos experimentos funcionaron en un principio como modelos de presentación de particularidades, coincidencias y diferencias, de representación de aquello que no tenía intencionalidad jerárquica sino participativa, de agitación y provocación.

LIGA, como espacio *ad hoc* al que no le importa depender de las cualidades físicas de un lugar como pulsión para las acciones que genera, comparte esa genealogía. Es parte activa de ese paisaje, es generador de territorio porque crea acciones expansivas, vínculos, articulaciones.

Este tipo de interferencia activa en el tejido disciplinario, de representación, traducción y mediatización por medio de exhibiciones/instalaciones, conversaciones y publicaciones, son imprescindibles para la generación de las revoluciones discretas de las ideas que van empujando a cada colectivo. De esa misma manera, inventar conceptos, darles forma, construirlos y constituirlos en esos grupos, son de los modos de práctica de la teoría y la crítica más naturales de nuestro tiempo.

Estas prácticas, estos discursos, no pretenden el valor de la unidad, no son completos, no son cerrados. Son activos, orgánicos, refutables, variables y desfachatados; pueden ser más o menos espontáneos, más o menos auténticos —si aún nos importase—. En ese paisaje inestable, existe una de las formas más interesantes de buscar sentidos y significados para la arquitectura contemporánea.

Florencia Rodríguez
Presentation and Representation

> 'Culture' is as much about inventing as it is about preserving; about discontinuity as much as about continuation; about novelty as much as about tradition; about routine as much as about pattern-breaking; about norm-following as much as about the transcendence of norm; about the unique as much as about regular; about change as much as about monotony of reproduction; about the unexpected as much as about the predictable. The core ambivalence of the concept of 'culture' reflects the ambivalence of the idea of order-making, that hub of all modern existence.
>
> Zygmunt Bauman

It has become nearly impossible to count all the architectural biennials and shows which have been put on around the world over the last decade. The same applies to both printed and digital publications on architecture, and to so many other contemporary means of showcasing ideas and analyzing architectural practice, and to the array of voices and opinions spewed forth by social media.

We are immediately faced with a query over the methods and relevance of contemporary architectural criticism, and its potential meanings. Within the current range of communication phenomena there has doubtless been a multiplication of spaces or channels for action, but there are few experiences which come to have definitive and far-reaching impacts, which push boundaries or which tend to contribute to the discipline.

To those of us who see ourselves as architects, temporary exhibitions or installations seem to be an ideal means of communication. They open the possibility of presenting curatorial narratives which challenge points of view, putting thought into action while providing a public experience. There is something about the empathy and immediacy of communication which comes into play here.

If we place this against a wider historical backdrop, we can see that the twentieth century was a time for formalizing an architectural culture, and even for the invention of architectural theory as such. As this situation was being created, exhibitions became devices for proposing ideas, for expounding theoretical dissertations and for drawing together participants who were promoting different practices, or lines of thought.

By displaying diverse cultural topics or subjects, modern universal exhibitions may be understood as paradigmatic precedents for these questions. We might consider that the pavilions which housed the displays frequently sparked debate in the newspapers, which reached a wider public. It suffices to point to the Crystal Palace or Eiffel Tower and the impact they had in their particular contexts, as they became the symbols of change.

The opening of MoMA in New York in 1930 certainly also had a specific importance for the discipline in terms of the historical importance of certain of the exhibitions shown there. International Style, which opened a few years later, curated by Philip Johnson and Henry-Russell Hitchcock, was fundamental for setting the agenda by means of the exhibition experience. Others would follow, such as Brazil Builds (1943) and Latin American Architecture since 1945 (1955), which came to guide state policy. Deconstructivism, the final "ism" of the century, had its glory days there, as well as its rise and fall (Deconstructivist Architecture, 1988).

These experiences did not necessarily meet with a general consensus but we may state that they created a talking point by bringing together productions and individuals, putting up banners and presenting exhibitions to the public. And this is no mean feat as it provided a collective opportunity for critical thought.

On the other hand, we understand that postmodernity is characterized by issues such as the de-differentiation of cultural spheres, the death of the subject and the end of modern individualism, the fashion for nostalgia and the logic of the pastiche, and the proliferation of the theoretical discourse of Fredric Jameson, Perry Anderson and others. The departure of art from museums into the cities, the appearance of land art and of the screen, as a potential space for artistic practices, are the cultural symptoms of a much more complex global trend, hard to boil down and whose representation leaves gaps for that which cannot be represented or summarized. The cultural communication and production media which started up with these processes often work by exploring alternatives or otherness, searching for new modes of experience and thought which are usually based on the aforementioned mode of empathy or on provocation.

In recent decades all this favored the appearance of less institutional spaces which met with great acclaim because they appeared to open the possibility of the demise, or at least the fading or breakup of the obsolete old idea of a single great universal story. Some of these achieved such acceptance that today they are benchmarks of the mainstream, such as the Storefront for Art and Architecture of New York.

Initially many of these experiments operated as models for displaying peculiarities, coincidences and differences, representing topics whose purpose was not hierarchical but rather to participate, agitate and provoke.

LIGA is one such ad hoc space which is not concerned with dependence on the physical characteristics of place as the launchpad for its activities. It is an active part of this scene; it defines territory since it generates expansive actions, links and connections.

This type of active, grassroots participation in the discipline, which represents, translates and disseminates via exhibitions, installations, conversations and publications, is vital for fomenting the discrete conceptual revolutions which drive each collective. Thus the methods used in practice, theory and criticism which most accord with our time are those of inventing, shaping, building and establishing concepts.

These practices and discourses do not seek value through unity, they are incomplete, and they are not closed. They are active, organic, refutable, variable and impudent. They can be more or less spontaneous, more or less authentic, if this still matters to us. It is in this unstable landscape that we can find one of the most interesting means of finding sense and meaning for contemporary architecture.

Barry Bergdoll

Curaduría en el mundo del rumiar digital o los placeres y los obstáculos de la "curaduría"

En los quince años transcurridos desde la exposición "Mies en Berlín" ("Mies in Berlin") (2001), para la cual trabajé con el Museo de Arte Moderno, el panorama internacional de las exposiciones de arquitectura se ha expandido mucho más de lo que nadie hubiera podido predecir en ese entonces. Las bienales de Venecia han recibido más atención que en cualquier otro momento desde los feroces debates que desencadenó la inauguración de "La presencia del pasado", de Paolo Portoghesi, en 1980. Además, han proliferado los programas universitarios de curaduría en arquitectura, las conferencias sobre exposiciones arquitectónicas y los números especiales en revistas y libros dedicados al tema, como este mismo. Las exposiciones de arquitectura viven un auge, pero también la reflexión crítica sobre el fenómeno. El término "curar" se ha vuelto de uso tan común, que la palabra "curaduría" dejó hace tiempo las paredes blancas de las galerías para describir todo tipo de aspectos de la cultura del consumo, desde la moda hasta la elección de muebles para el hogar (www.curatedby.com), las selecciones musicales y culinarias, las listas de invitados y, notablemente, las mesas redondas y los debates. La curaduría parece haberse convertido en el paradigma de todo en nuestra cultura del *sampling,* el diseño y las marcas. Y con ello viene el florecimiento del curador independiente, un ciudadano del mundo con poca, si es que alguna, afiliación institucional, a menudo citado en los carteles de las exposiciones con una tipografía más grande que la que se utiliza para nombrar a los arquitectos que exponen.[1]

Esta situación suscita preguntas, en particular: ¿cómo es que la proliferación de la "curaduría" arquitectónica ha beneficiado a los arquitectos —la mayoría de los cuales aspira a construir lo que proyecta— y al público en general? Actualmente me encuentro trabajando en un libro acerca de la historia de las exposiciones de arquitectura desde mediados del siglo XVIII, que plantea la noción de que en cada etapa de esta compleja historia, que abarca cuatro siglos, la cultura de la exposición ha conllevado una función vital de retroalimentación para la arquitectura, que va desde crear un lugar propicio para el debate público, hasta explorar asuntos formales completamente nuevos; desde abogar por un cambio vital para una vivienda pública de más calidad, hasta proponer

[1] Bergdoll, Barry, "Glossary: 'Curate' (v. transitive)", en *Art Papers*, enero-febrero de 2015.

alternativas o reinvenciones urbanas.² Hoy en día, el curador es más que nunca un trotamundos; mientras escribo, muchos de aquellos con quienes conversé en la inauguración de la Bienal de Arquitectura de Venecia en mayo de 2016 se están preparando para partir hacia la Trienal de Arquitectura de Oslo en septiembre de 2016, la Trienal de Arquitectura de Lisboa a principios de octubre de 2016 y la Bienal de Diseño de Estambul, unas semanas después. Además de admirar el vigor de aquellos que están al día en este carnaval nómada, preguntarse acerca de las consecuencias de un mundo arquitectónico globalizado exige una reflexión crítica. ¿Cómo podemos cultivar una relación entre el mundo real de la arquitectura y la vibrante cultura de las exposiciones que ocupa hasta cierto punto un mundo paralelo de ferias y galerías? Mientras esperamos a un Mikhail Bakhtin del mundo arquitectónico, nos preguntamos, ¿cómo sería una relación productiva entre el carnaval de las exposiciones y el horizonte de la práctica del diseño?

En 2007, cuando me uní al departamento de Arquitectura y Diseño del MoMA, fundado en 1932, en su 75 aniversario, me proponía revitalizar las formas experimentales en las que el museo se había vinculado con la práctica contemporánea de la arquitectura, el paisaje, la planeación urbana y la ingeniería vinculada al diseño. Quería actualizar una serie de aproximaciones que los curadores del museo habían perfeccionado desde la década de los treinta, acercamientos que podrían ser categorizados como reactivos o activistas. En el ámbito reactivo, el o la curadora selecciona de entre la producción reciente o contemporánea lo que él o ella admira y cree que merece una contextualización y una visibilidad más extensa. En gran medida ésta fue la idea de la exposición inaugural que acuñó la categoría de "El estilo internacional" ("*The international style*") para aproximar la arquitectura, después de la Segunda Guerra Mundial, a una institución establecida en el mundo del arte, la bienal. Desde sus inicios, la Bienal de Venecia fue para el escenario mundial lo que el salón francés había sido a escala nacional, es decir, un sondeo de los dos años previos de producción artística. Una iniciativa emprendida por primera vez en el campo de la arquitectura en São Paulo en los años cincuenta. Ésta es la función tradicional del curador como recolector, incluso si para el curador de arquitectura el asunto de la exposición de representaciones arquitectónicas requería desde el inicio una presencia activa y técnicas de exposición innovadoras. Una postura muy distinta a la del curador ideal, que de preferencia debía disimular su presencia para darle prioridad a las obras que se exponen.

Sin embargo, me parece que existen asuntos de una importancia

2   Basado en las Mellon Lectures of 2013, en la National Gallery of Art de Washington, D.C., con el título "Out of Site/In Plain View: A history of exhibiting architecture", próxima publicación de Princeton University Press, 2018.

3   Ver Bergdoll, Barry "Plein-Air Prefab", en *The Skira Yearbook of World Architecture 2007-2008*, edición de Luca Molinari, Milán, Skira, 2008, pp. 88-89.

tan inmediata que el curador a veces debe atenderlos de manera más urgente y productiva, más como quien siembra que como quien recolecta. Me refiero a que no siempre podemos esperar a que otros tomen la delantera, sino que a veces nosotros mismos debemos emprender el riesgo de mostrar cosas que todavía no existen, cosas que no existirían sin la iniciativa del curador. Y esta función de productor/activista, que probablemente es más fácil de lograr para el curador independiente, resuena mucho más cuando se busca llevarla a cabo desde un medio institucional establecido.

En 2008 presenté en el MoMA "Entrega a domicilio: construcción de la vivienda moderna" ("Home Delivery: Fabricating the Modern Dwelling"), donde tanto la recontextualización reactiva como las formas activistas se unieron. Estas segundas en una serie de cuatro propuestas recién comisionadas para vivienda prefabricada en un lote vacío, al oeste del museo, y con muestras de muros manufacturadas digitalmente en la sala introductoria al comienzo de la exposición.[3] Una de las cuatro casas, la casa de celofán que producía energía, obra de la firma de Filadelfia Kieran Timberlake, ganó premios importantes y se encuentra ahora en una segunda etapa de desarrollo.

Los propósitos de la muestra eran múltiples. Una época en la que el cambio de paradigma bajo el rubro de personalización masiva es ampliamente discutido, en particular entre aquellos que están explorando nuevos horizontes de manufactura digital y diseño paramétrico, parecía un momento oportuno para entrar en conversación con el intento de sobrepasar las islas profesionales aisladas en favor de nuevas posibilidades. En distintos sectores de la cultura arquitectónica se suscitaban proyectos de investigación, sectores que parecían no estar al tanto unos de otros, premeditadamente. Yo esperaba que fuera posible un enriquecimiento cruzado al confrontar algunas de las obras más radicales en diseño paramétrico con firmas jóvenes, trabajando con modelos de personalización masiva. También buscaba romper con el estilo tradicional de promoción de exposiciones asociado con el MoMA (uno piensa en la exposición deconstructivista curada por Philip Johnson y Mark Wigley en 1988 como quizá la última gran y heroica exposición taxonómica). Es por supuesto difícil calibrar el éxito de la exposición para estimular nuevos acercamientos y discusiones, incluso si el número de visitantes supera todos los récords de asistencia anteriores en el MoMA para una exposición de arquitectura. Ciertamente no se han abierto nuevos caminos entre, por ejemplo, el mundo de la revista *Dwell*, donde hay espacio para la discusión sobre los nuevos edificios producidos en fábricas, y el mundo académico del diseño paramétrico, que rara vez ha desplazado el debate más allá de la producción de la forma, hacia la definición y realización de asuntos programáticos. Sin duda es un debate que resurgió con las reacciones de Patrick Schumacher este año a la curaduría de prácticas comprometidas socialmente, alrededor del mundo, de Alejandro Aravena.

En el taller/exposición de MoMA 2009-2010 "Corrientes a la alza: proyectos de la ribera neoyorquina" ("*Rising Currents: Projects from New York's Waterfront*") el tema no era elegir diseños cuya investigación se encontrara actualmente en proceso. En vez de esto, el museo decidió comisionar obra, un proceder cada vez más frecuente en el mundo de la curaduría de arte, con todas las posibilidades así como obstáculos que presenta una relación demasiado íntima entre el artista y el curador. Lanzamos una invitación para una investigación de diseño que asumiera, de manera interdisciplinaria, problemas urgentes relacionados con el cambio climático que tienen implicaciones globales, aunque su aplicación y su diseño sean locales. Con el taller "Corrientes emergentes", el MoMA sirvió de incubadora, más que de espejo, para nuevas ideas, introdujo imágenes como catalizadores para un debate en el cual las profesiones relacionadas con el diseño recuperan un lugar en la mesa para algunos de los asuntos más urgentes de hoy en día. La exposición trata entonces de redefinir los límites del discurso, tanto como de realizar un catálogo de diseño. El área del estudio era local (y por lo tanto dramáticamente palpable), incluso cuando las implicaciones eran globales. "Corrientes emergentes" inauguró una serie de talleres/exposiciones en el MoMA (seguidas de "Realojar el sueño americano" ("Foreclosed: Rehousing the American Dream") en 2012 y "Crecimiento disparejo: urbanismos tácticos para las megaciudades en expansión" ("Uneven Growth: Tactical Urbanisms for Expanding Megacities") organizada por Pedro Gadanho en 2014-2015) con la ambición de atender asuntos preocupantes y urgentes a través de un nuevo pensamiento de diseño.

  Es cierto que la comisión de nueva obra puede acercar las ideas de diseño al público y generar en éste una conciencia de la función del diseño para solucionar asuntos urgentes. Y es cierto también que puede a la vez expandir los límites de lo que los arquitectos piensan, más allá de los límites del mercado y de nociones arquitectónicas del sector público, sin embargo, la comisión de obra por parte del curador también debe tener sus límites. Más recientemente, el aumento exponencial de exposiciones de obra creada por comisión ha comenzado a abrir un mar entre la arquitectura de la galería y la arquitectura del mundo real, que corre el riesgo de ocasionar un cortocircuito entre la cultura del museo y la bienal, cada vez más lejana de los riesgos y las oportunidades reales que tiene el diseño arquitectónico de involucrarse con el mundo. Cuando los museos y las galerías sólo exponen el material comisionado, la función del museo como espejo se vuelve cada vez más autorreferencial. El creciente metadiscurso en la exposición de arquitectura pronto habrá de referirse precisamente a esta cuestión.

Barry Bergdoll

Curating in the World of Grazing, or the Pleasures and Pitfalls of "Curating"

In the fifteen years since I first became associated with the Museum of Modern Art, through the exhibition "Mies in Berlin" (2001), the international scene for exhibiting architecture has ballooned in ways no one could then have predicted. Recent Venice architectural biennales have received greater attention that at any moment since the huge debates unleashed by Paolo Portoghesi's inaugural "The Presence of the Past" in 1980. In addition, university level degree programs in curating architecture, conferences on architectural exhibitions, and special issues of magazines devoted to the topic—like this one—have proliferated. There is a boom in exhibiting architecture but also in critical reflection on the phenomenon. The recently coined verb in English "to curate" has achieved such ubiquity that "curating" long ago left the walls of the gallery to describe all aspects of consumer culture from fashion and home furnishings (www.curatedby.com) to musical and culinary selections to guest lists, notably for panel discussions. Curating it seems has become the paradigm for everything in our culture of sampling, grazing, styling and branding. And along with it has come the rise of the independent curator, a global citizen with few, if any institutional attachments, often cited in announcements in a larger font that those deployed for the designers exhibited.[1]

    This situation raises questions: notably, how has the proliferation of architectural "curating" benefited architects—most of whom aspire to build—and the general public? Currently I am at work on a book on the history of architectural exhibitions since the mid-eighteenth century, posited on the notion that at every stage of a complex history spanning over four centuries, the culture of exhibiting has entertained a vital feed-back function for the culture of architecture from creating a venue for public debate to exploring wholly new formal issues, to advocating for vital change from better public housing to alternatives to wholesale urban renewal.[2] Today, the curator is a globe trotter as never before; as I write many of those whom I chatted with at the opening of the Venice Architecture Biennale in May 2016 are getting

[1] Barry Bergdoll, "Glossary: 'Curate' (v. transitive)," *Art Papers*, January/February 2015.

[2] Based on the Mellon Lectures of 2013 at the National Gallery of Art in Washington, D.C., under the title "Out of Site/In Plain View: A history of exhibiting architecture," to be published by Princeton University Press, 2018.

ready to leave for the Oslo Architecture Triennial in September 2016, the Lisbon Architecture Triennial in early October 2016 and the Istanbul Design Biennale a few weeks later. Aside from admiring the stamina of those keeping up with this moveable feast, the question of the stakes of a globalized architectural world demand critical reflection. How can one nourish a relationship between the world of architecture inhabited by everyone alive and the vibrant culture of display which occupies in some measure a parallel world of fairs and galleries? What—while waiting for a Mikhail Bakhtin of the architectural world—is the productive relationship between the carnival of display and the horizons of design practice? These are questions that can only be evoked here.

In 2007, when I joined MoMA's Department of Architecture and Design in its 75th anniversary year (1932), I wanted to rekindle the continually experimental ways with which the museum had engaged with contemporary practice in architecture, landscape, city planning, and design-related engineering. I wanted to update a range of approaches that the museum's curators had honed since the 1930s, approaches that might be categorized as either reactive or activist. In the reactive mode the curator culls from contemporary or recent production what he or she admires and thinks deserves contextualization and wider publicity. This was, in large measure, the mode of the founding show which coined the category of "The International Style" as it was for the extension after World War II of an established institution in the art world—the biennale—to architecture. From the outset, the biennale in Venice was on the world stage what the French salon had been nationally, namely a survey of the last two years of artistic production, something first pioneered for architecture in São Paulo in the 1950s. This is the traditional role of the curator as harvester, even if for the architecture curator the question of the display of architectural representations required from the first an active presence and innovative display techniques quite different from the ideal art curator who was preferably meant to recede as a presence in favor of the works on display as the focus.

There are, however, issues so compelling, it seems to me, that the curator should sometimes serve in a more fast-paced productive way—more as a planter than a harvester. That is, we can't always wait for others to take the lead, but rather should ourselves take the risk of showing things that do not yet exist, things that would not even exist without the curator's initiative. And this role of producer/activist, easier perhaps for an independent curator in a one-off way to achieve, is all the more resonant when it is pursued in an established institutional setting. In 2008 at MoMA I presented "Home Delivery: Fabricating the Modern Dwelling" in which both the re-contextualizing reactive and activist modes were brought together, the latter in a series of four newly commissioned

3 See Barry Bergdoll, "Plein-Air Prefab," in *The Skira Yearbook of World Architecture 2007-2008*. edited by Luca Molinari. Milan: Skira, 2008, pp. 88-89.

proposals for pre-fabricated housing on the museum's vacant west end lot and digitally-manufactured sample walls in the exhibition's introductory gallery indoors.[3] One of the four houses, the energy producing Cellophane House by the Philadelphia firm Kieran Timberlake has gone on to win major awards and is now in a next stage of research development. The exhibition's aims were manifold. At a time when the idea of a paradigm shift under the rubric "mass customization" was broadly discussed, and in particular among those exploring new horizons of digital manufacturing and parametric design, it seemed an opportune moment to enter the conversation with the intent to bridge isolated professional islands and to invite new possibilities. Research projects were underway in vastly different sectors of architectural culture, sectors which seemed studiously unaware of one another. Confronting some of the most radical work in parametric design with younger firms working with models of factory mass customization, I hoped that a cross-fertilization might be possible. I also thought of breaking out of the traditional style of forecasting exhibitions associated with MOMA—one thinks of the Deconstructivist exhibition curated by Philip Johnson and Mark Wigley in 1988 as perhaps the last great heroic taxonomic show. It is of course difficult to assess the show's success in stimulating new rapprochements and discussions, even if the number of visitors surpassed all previous records for attendance at a MoMA architecture show. Certainly no new highways have been opened up between the world of, say, *Dwell* magazine, where so much of the discussion of new horizons of factory-produced buildings is given a popular forum, and the world of academic parametric research which has rarely moved the debate beyond the production of form to the definition and fulfillment of programmatic issues. Amazingly it is a debate that reemerged with Patrick Schumacher's histrionic reactions this year to Alejandro Aravena's curating of socially engaged practices from around the world in the Venice biennale.

In MoMA's 2009-10 workshop/exhibition "Rising Currents: Projects for New York's Waterfront" it was not a matter of picking designs from research currently underway. Instead the museum commissioned work, a mode increasingly frequent in the world of art curating too, with all of the possibilities as well as pitfalls of a too-intimate relationship between artist and curator. We issued an invitation for design research to take on, in an interdisciplinary way, urgent problems related to climate change that are global in implication yet local in application and design. With the "Rising Currents" workshop, MoMA served as the incubator rather than the mirror of new ideas, introducing images as catalysts for a debate in which the design professions recapture a place at the table for some of the most urgent issues of the day. The exhibition is then about redrawing the boundaries of discourse as much as it is about a catalogue of designs. The study area was local—and thus dramatically palpable even as the implications were global. "Rising Currents" inaugurated a series of workshops/exhibitions at MOMA (followed by "Foreclosed: Rehousing the American Dream" in 2012 and "Uneven Growth: Tactical Urbanisms for Expanding Megacities" organized by Pedro Gadanho in 2014-15) with the ambitions of addressing issues of pressing concern through new design thinking.

But if the commissioning of new work can bring design ideas and awareness of the role of design in pressing issues into public awareness and can expand the boundaries of what architects can think about beyond the limits of market and public sector notions of the architectural, the role of the curator as commissioner also needs to have boundaries. In recent years the exponential increase of displays of specially created work has begun to open a gulf between the architecture of the gallery and the architecture of the "real world" that runs the risk of creating a short-circuited biennale and museum culture increasingly detached from the real stakes and opportunities for architectural design to engage with the world. When museums and galleries exhibit only material made to order, the museum's mirror function becomes increasingly self-referential. The expanding meta-discourse on exhibiting architecture must soon engage with precisely this issue.

Isabel Abascal y Mario Ballesteros en conversación con Tina DiCarlo

Arquitectura exhibida, arquitectura expuesta

IA, MB   Tina, muchas gracias por encontrar el tiempo para participar en esta conversación, misma que contribuirá a la constelación de prácticas articuladas que figuran en el libro de LIGA.

Quisiéramos comenzar preguntándote, en referencia a tu idea de "exhibicionismo" en la arquitectura y en el título de este libro, en tu opinión ¿cuál es la diferencia entre arquitectura exhibida y arquitectura expuesta?

TdC   Creo que es una pregunta difícil pero provocadora. La idea principal de apropiarse del término *exhibicionismo* y usarlo como una especie de provocación dentro del marco de lo que en ese entonces era el discurso emergente sobre exposiciones de arquitectura —tomando en cuenta que ese discurso tiene una historia en sí y que desde alrededor de 1999 ya ha sido teorizado en el contexto contemporáneo— era pensar en exhibir arquitectura como un acto provocador, que hacía algo y que efectivamente estaba ligado al momento de exhibirse. Desde aquel entonces me he alejado de la idea pero creo que en ese momento para mí estaba muy arraigada la noción de 'agencia' y 'agencia de los objetos' que se estaba discutiendo en la Universidad de Goldsmiths en Londres.

Tal como hemos visto a partir de este discurso expandido en torno a las exposiciones de arquitectura, éstas pueden manifestarse de una multitud de formas y tener una multitud de intenciones, lo cual puede significar cualquier cosa, desde militancia, en donde se espera que la exposición tenga alguna forma de agencia que contribuya a construir un discurso, hasta la arquitectura de instalación, que ocurre en un plano íntimo o que recluta al edificio como sitio para la instalación artística. Otra opción es una forma de instalación más tradicional, con dibujos, pero que de cierta manera puede resultar más poética, más veraz, más comprobable, más performática, visualmente más bella, que de algun modo y de estar bien hecha anime la imaginación y el discurso más que un pabellón. Otra posibilidad es la exposición documental tradicional que se usa en el montaje para producir o mostrar un cuerpo de trabajo documental y académico. Los formatos más actuales ubicados dentro de la rúbrica del arte moderno y contemporáneo en los que un panel de profesionales contemporáneos, que combina arquitectos y artistas cuya obra se acerca a la arquitectura, la vuelven más legible y fácil de entender para el público actual.

De maneras distintas, podria decirse que todos estos formatos tienen algo en común: mostrar arquitectura. Cuando una exposición hace algo más que mostrar, cuando *exhibe*, entonces señala algo previamente oculto, imprevisto. De tal modo, una exposición puede hacer algo más: provocar la imaginación, palpar en lo poético, acercarnos algo que aún está por descubrirse, por pensarse, por decirse y así brindarnos intuiciones y experiencias inesperadas. Es más que reunir información. Exhibir sólo como exposición tiene sus límites. La idea aquí es que debemos profundizar en la exposición para lograr algo más —emplearla como medio de invocar otros medios— para que, tal como hace la arquitectura, nos transporte a otro lugar, fuera de los confines de la exposición. Para tal efecto hacemos uso de lo espacial, lo visual, lo temporal. Es algo que no puede lograrse en dos dimensiones, ya sean virtuales o impresas.

IA, MB   ¿Cómo se ha desarrollado la retroalimentación entre la práctica de la construcción y las exposiciones de arquitectura durante las últimas décadas?

TdC   Siempre ha existido un vínculo, un ir y venir, entre la práctica arquitectónica de construir y las exposiciones de arquitectura. Las exposiciones siempre fueron un punto crítico de contacto entre la disciplina y el público o incluso con órganos de mayor envergadura como el Estado o las instituciones culturales y académicas. Por ejemplo, estoy pensando en la exposición de construcción de Mies van der Rohe de 1931 que contribuyó a formar la identidad nacional alemana. Wallis Miller la analizó en "Tangible Ideas: Architecture and the Public at the 1931 German Building Exhibition in Berlin", su revolucionaria disertación doctoral de 1999. Como en el caso de Mies, los arquitectos siempre han considerado las exposiciones como una parte integral de su práctica.

En décadas recientes, con la expansión del discurso y con la proliferación de las bienales de arquitectura, así como de los espacios dedicados a su exposición dentro de instituciones ya existentes y de otras más recientes como LIGA —una expansión que podríamos comparar con la de las instituciones y galerías dedicadas a la arquitectura durante los años setenta y ochenta— hemos observado un incremento en su valoración, circulación y en su capital cultural. Éste puede implementarse no sólo para construir cosas y generar buena arquitectura, sino para expandir el discurso. También les ofrece a los arquitectos diversas formas de practicar y llevar a cabo sus ideas, de trabajar en la multitud de formas en que la ésta puede ser producida.

IA, MB   ¿Podrías compartirnos cuál fue tu perspectiva al trabajar en el *Archive of Spatial Aesthetics and Praxis (ASAP)* (Archivo de Praxis y Estéticas Espaciales) y su relación con la curaduría y con la arquitectura?

TdC   *ASAP* se desarrolló como un experimento que surgió a partir de una discusión muy temprana que vi desarrollarse en Londres y Berlín. En aquel contexto, la exhibición de arquitectura parecía expandirse fuera de la arena de la arquitectura per se. La idea del objeto híbrido que existía entre el arte y la arquitectura parecía ser más pertinente que nunca. A mí parecer, este tipo de objetos y exposiciones que emergieron alrededor de 2002 evocaban las prácticas de finales de los sesenta y principios de los setenta. También existía la idea de crear un archivo de prácticas espaciales críticas, buscando de nuevo poner un pie fuera de la disciplina puramente constructiva para enfrentarse a problemas sociales, políticos y ecológicos. La idea era empezar a coleccionar arquitectura a través de distintas disciplinas, pero también con todos los medios con que los arquitectos suelen trabajar: video, texto, instalación, blogs y demás. En aquel momento era una idea presciente. Recibimos mucho apoyo de arquitectos y artistas interesados en participar. De hecho, creo que di mi presentación y crítica más concisa del proyecto en la Universidad de Columbia, en 2014.[1]

IA, MB Háblanos sobre tu experiencia con el proyecto Drive-In-Marfa.

TdC De hecho, el proyecto Drive-In-Marfa lo inició Joshua Siegel, un curador de video del MoMA que me llevó para supervisar un concurso de arquitectura. Fue un proyecto muy prematuro pero importante, tomando en cuenta que respondía a un paisaje específico y a un periodo en particular dentro de la historia del arte, y que ambos aspectos convergen en Marfa. Estoy refiriéndome por supuesto a las obras paisajistas de Donald Judd y a la Chinati Foundation. Todos estos aspectos fueron definitorios para la ciudad y la atmósfera en la que se formó la galería Ballroom Marfa. La idea detrás del proyecto era tomar una característica del *drive-in* y algo muy poco característico del paisaje de Marfa: el tráfico. También era una respuesta a esta historia de los *earthwork*s y una invitación a pensar en el estacionamiento del *drive-in* y en manejar sobre la tierra como una forma de dibujar en el paisaje. Otra noción era la de concebir la pantalla como una intervención arquitectónica, algo anclado. Resultó que el costo del proyecto excedió el presupuesto y no se realizó. Pero fue una época y una colaboración muy especial y fue todo un honor colaborar con una galería tan joven y con una visión tan influyente sobre la escena cultural de Marfa.

IA, MB Tomando en consideración tu labor como curadora de *In Collaboration*,[2] ¿cuál crees que sea el estado actual de la relación entre la arquitectura y las demás disciplinas, y cómo crees que esta relación influya en las exhibiciones de arquitectura?

TdC Creo que siempre ha existido una colaboración entre arquitectos

---

1   Véase la presentación completa en https://www.arch.columbia.edu/programs/4-m-s-critical-curatorial-conceptual-practices/symposia

2   Una exhibición impresa publicada en 2004 en *34 Magazine*. El proyecto se enfocaba en cinco colaboraciones innovadoras entre arquitectos y otros profesionistas. Los proyectos colaborativos trazaban relaciones entre distintas obras que terminaban por tener más prominencia que las obras en sí. La estrategia condujo a una exposición de más de ochenta proyectos. Esta técnica, con su énfasis empírico y relacional, destilaba aquellas tendencias, fetiches y metodologías que trastocaban las distintas disciplinas.

y otros practicantes, así que de cierta forma este artículo era anticipado y un tanto ingenuo. Habiendo dicho eso, me parece necesario y mucho más interesante observar la proximidad entre la arquitectura y otras disciplinas y entender las exposiciones como una construcción interdisciplinaria que implementa las especialidades e intuiciones de cada una para aportar algo diferente a la exposición. De cierta forma, impregna a la arquitectura con otro tipo de vida, con un discurso que de otra forma tal vez no tendría y lo despliega en el espacio de la galería. Por otro lado, en términos de diseño expositivo, los arquitectos aportan un componente muy importante a las exposiciones, que no puede otorgar la mano del curador o incluso la del artista. Creo que este dar y tomar nutre el diálogo y construye exhibiciones fructíferas. Hay ejemplos muy eficaces, por ejemplo la exposición de Thomas Demand de 2008 en la Nationalgalerie en Berlín en la que Caruso St. John realizó el diseño. Otro ejemplo es la exhibición *The Bride and the Bachelors: Duchamp with Cage, Cunningham, Rauschenberg and Johns,* en el Barbican Center, en la que en vez de convocar a un arquitecto, Philippe Parreno realizó la *mise en scène*. Otro ejemplo más reciente podría ser la exposición en Somerset, en la que el artista Alexander Brodsky actuó como parte del equipo curatorial y en la que el diálogo no se entabló con un arquitecto sino con el dibujo arquitectónico y con la arquitectura del lugar. La lista es interminable. Recuerdo una exposición pequeña que reunía obras en video proyectadas en formato análogo que mostraban el diálogo de Robert Smithson dirigiendo a Nancy Holt. El sonido y la luz del proyector, los pasos de Smithson y de Holt a través de *Swamp* imbuían sonido, voz, vida, movimiento y luz a lo que de otra forma podría considerarse simplemente un pabellón arquitectónico estático en escala 1:1. De cierta forma, la película ejecutaba el espacio, lo activaba de una manera en la que ni el pabellón, el dibujo o el texto podían hacerlo.

  IA, MB Por último ¿cuáles son los distintos acercamientos para curar una exposición en un espacio tradicional en contraposición con el espacio virtual?

TdC Creo que es inmensamente distinto y de hecho que son dos proyectos diferentes. Tengo un amor sincero por el artefacto y por coleccionar. Creo con fervor que no existe ningún sustituto para el objeto y para la exhibición de primera mano, y que los medios y el espacio virtual deberían usarse para cosas en las que éstos son buenos, en aquellas áreas donde pueden aportar algo que ni la exposición ni los medios impresos pueden. Ésta fue una de mis posiciones originales mientras estuve en el MoMA y todavía la sostengo.

  Un catálogo impreso, una instalación espacial y la web son cosas muy distintas que deberían de emplearse para circular obras, discursos e información de maneras muy diferentes. Un sitio web es esencialmente una exposición y un espacio curatorial. Las decisiones que se toman ahí giran alrededor de la jerarquía de la información, de tener una identidad y de cosas mundanas como la calidad, tamaño y colocación de una imagen. Hay otra serie de preguntas importantes relacionadas con la capacidad de crecimiento de un sitio: ¿cuánta información es demasiada información? Y cosas así. Creo que las exposiciones en línea son posibles, pero también creo que es un medio muy distinto que no puede reemplazar la experiencia primaria del artefacto o la exhibición. De cierta forma, para mí la instalación virtual está más vinculada a la información y divulgación que a la experiencia de la obra.

Isabel Abascal and Mario Ballesteros in conversation with Tina DiCarlo

Architecture Exhibited, Architecture Exposed

IA, MB Tina, We are very grateful that you found the time for this conversation that will contribute to the constellation of practices we are putting together for LIGA's book.

Regarding your idea of "exhibitionism" in architecture, as well as the subtitle of this book, what do you think the difference is between exhibited architecture and exposed architecture?

TdC This I think is a very difficult question but a provocative one. The main idea behind appropriating the term *exhibitionism* and using it as a provocation of sorts within what was the early contemporary discourse on architectural exhibitions—keeping in mind that this discourse has a long history in itself, and it has now been theorized within the contemporary context since about 1999—was to think of exhibiting architecture as an act that provoked, that did something, and yes, was bound to a moment of exposure. I have since moved away from the idea, but I think for me, at the time, it was very much tied to this idea of agency and the agency of objects that was being discussed at Goldsmiths.

As we have seen from this expanded discourse on architectural exhibitions, exhibiting architecture can take myriad forms, with myriad agendas. This can mean anything from advocacy, in which the exhibition is called upon to have some sort of agency that will contribute to the built discourse, to installation architecture, which takes place at a one-to-one level or invokes the building as a site for artistic installation. Alternatively, it may be a more traditional form of installation, using drawings, but which in some ways could be seen to be more poetic, a truer, more demonstrable, more performative, more visually beautiful, if not something that somehow, more than a pavilion, inspires the imagination and discourse if done properly. Other possibilities include a traditional archival show that uses the exhibition to produce or display a body of archival and scholarly work, or more current formats, housed under the rubric of modern and contemporary art, in which a panel of contemporary practitioners, and which combines architects and artists whose work borders on the practice of architecture, or in any case, makes it somehow more legible, more understandable to the contemporary public.

In many ways, these various formats could be said to do something similar: that is, to show architecture. When I think of an exhibition that does something more than show, that it *exposes*, then it shows something heretofore unforeseen, unexpected. In this sense, an exhibition can do something more, provoke the imagination, border on the poetic, expose one to something that is yet to be seen, yet to be thought, so to speak, and thus lend unexpected insights, unexpected experiences. It is more than information gathering. Exhibiting as exhibition only, only goes so far. The idea here is that we must tap into the exhibition to do something else—call upon it as a medium and invoke various media—to, like architecture, transport us elsewhere, to create something and expose something we have yet to see, or cannot see, outside the scope of the exhibition. Here we call on the spatial, visual, temporal relation to do so, something that cannot be done in two dimensions, either on the web or in print.

IA, MB   How has the mutual feedback between building practice and architectural exhibitions developed during the last decades?

TdC   There has always been a link, a back and forth, between architectural building practice and architectural exhibitions. Exhibitions were always a major point of contact between the discipline and the public or even larger bodies such as the nation-state or the cultural and academic institutions. I am thinking, for example, of the 1931 building exhibition by Mies van der Rohe, that helped to forge the German national identity, and that Wallis Miller wrote about in her pioneering 1999 doctoral dissertation, "Tangible Ideas: Architecture and the Public at the 1931 German Building Exhibition in Berlin." Like Mies, architects have always thought of exhibitions as an integral part of their practice.

In recent decades, with the expansion of the discourse, and with the proliferation of architecture biennales, as well as new venues for architecture within existing institutions, and new institutions such as LIGA dedicated to the exhibition of architecture—an expansion that one could liken to the expansion of the institutions and galleries dedicated to architecture during the late 1970s and 1980s—we have witnessed an increase in the currency, circulation and hopefully the cultural value of architecture. This increase can be instrumental in not only getting things built—and generating good architecture—but also in expanding discourse. It also gives architects numerous other ways to practice and to realize their ideas, working in the myriad ways in which architecture can be produced.

IA, MB   Can you share some insight into your *Archive of Spatial Aesthetics and Praxis (ASAP)* project and its relationship to curating and creating architecture?

TdC   ASAP was really developed as an experiment out of a very early discourse that I saw developing in London and Berlin, in which the exhibition of architecture seemed to be expanding outside the arena of architecture per se, in which the idea of the hybrid object, existing somewhere between art and architecture, seemed to be more pertinent than ever. I saw these types of objects and exhibitions coming to the fore in 2002, harking back to practices in the late 1960s and early 1970s. There was also the idea at the time of founding an archive of a critical spatial practice, again stepping outside of a pure building discipline to address social, political and environmental issues. The idea was to begin to collect architecture across disciplines, but also across all the media in which architects typically work—film, writing, installation, blogs, et. al. The idea was prescient at the time. We received a lot of support from architects and artists to participate. In fact, I think I gave the most succinct presentation and also critique of the project at Columbia in 2014.[1]

IA, MB Could you talk about you experience working on the *Drive-In Marfa* project?[2]

TdC The Drive-In Marfa project was actually initiated by Joshua Siegel, a curator of film at the Museum of Modern Art who brought me in to oversee an architectural competition. It was a very early project, but an important one, considering it responded to a particular landscape and a particular period within the history of art, both of which converge in Marfa. By this I am, of course, talking about Donald Judd, his works in the landscape and the Chinati Foundation, all of which have become defining aspects of the town and the atmosphere in which the Ballroom Marfa gallery took shape. The idea behind the project was to draw on a characteristic of the drive-in and something very uncharacteristic in the Marfa landscape: traffic. It was also to respond to this history of earthworks and to think of the parking for the Drive-In and driving on the earth as a kind of drawing in the landscape. And then to think of the screen as the architectural intervention, something tethered as it were. As it turns out, the project came in way over budget so it was not possible. But it was a very special time and a very special collaboration, and quite an honor to work with such a young gallery that had a defining vision over the cultural landscape of Marfa.

IA, MB Considering your work as curator of *In collaboration*,[3] what do you think is the current state of the relationship between architecture and other disciplines, and how this influences architectural exhibitions?

TdC I think there has always been a collaboration between architects and other practitioners, so in some ways, this very early article was a bit naïve. That said, I do think it is necessary and much more interesting to look at architecture's proximity to other disciplines and to look at the exhibition as a construction across

1 See the complete lecture at https://www.arch.columbia.edu/programs/4-m-s-critical-curatorial-conceptual-practices/symposia

2 The Drive-In-Marfa Project was conceptualized to be the first American Drive-In produced by a non-profit cultural arts space. The project was a collaboration between Ballroom Marfa, guest curators Tina Di Carlo and Josh Siegel and architect Ole Scheeren.

3 Printed exhibition published in 2004 in 34 Magazine. The project focused on five innovative collaborations between architects and other professionals. Collaborative projects were invoked to map the relation between works that took on more prominence than the works themselves, leading to an exhibition of over eighty projects. Such an empirical and relational technique distilled current trends, fetishes and methods that cut across disciplines.

disciplines, that draws on the specialty and insights of each to bring something different to the exhibition itself. If you like, it infuses architecture itself with a kind of life, a discourse that it might not have elsewhere, and performs it somehow within the space of the gallery. On the other hand, in terms of design, architects bring a very important component to exhibitions, one that cannot be achieved either through the curatorial hand nor even perhaps through the artist's hand. I think it is this back and forth that makes for a very rich dialogue, very rich exhibitions. There are some very effective examples, one being the 2008 Thomas Demand exhibition in the Nationalgalerie in Berlin for which Caruso St. John did the exhibition design, or another example, at the Barbican for the exhibition *The Bride and the Bachelors: Duchamp with Cage, Cunningham, Rauschenberg and Johns,* that did not call on an architect at all but where Philippe Parreno did the *mise en scène*. Another example could be a recent exhibition in Somerset [England], where artist Alexander Brodsky acted as one part of a curatorial team, in which the engagement was not with another architect but with the architectural drawing, alongside the architecture of the site itself. The list could go on and on: I recall a small exhibition that looked at juxtaposing the works of film—shown in analogue form, in which the dialogue of Robert Smithson directing Nancy Holt, the sound and light of the projector, the pacing of Holt and Smithson's footsteps through the *Swamp* imbued sound, voice, life, movement, light—into what could otherwise be considered the static 1:1 pavilion of the architect. The film, in a certain sense, performed the architecture, activated it, in a way that the pavilion, nor the drawing, nor the text, could not.

IA, MB   Lastly, what are the different approaches for curating a traditional exhibition space versus a virtual space?

TdC   I think this is tremendously different and in fact, two different projects. I have a sincere love for the artefact and also for collecting. I strongly believe there is absolutely no replacement for the object and the exhibition firsthand, and that one should employ media and any sense of virtual space and the web for what it is good at, for what it can do that an exhibition or a printed publication cannot. This was very early on my position while at MoMA and one that I still adhere to.

A print catalog, a spatial installation, or the web are all different media and should be used to circulate work, discourse and information in very different ways. A website is essentially an exhibition and a curatorial space, the decisions here become about the hierarchy of information, a certain branding, mundane things like image quality, size and juxtaposition. Then there are other important questions about the scalability of the site: how much information is too much information, and so on. I do think there can be exhibitions on the web, but I still think it is a very different medium and cannot replace the primary experience of the artefact or exhibition. In some sense, for me, the virtual installation is more about information and exposure than it is about the experience of the work.

Roma Interrotta, Franco Raggi
Roma, Italia [Italy], 1978.

La exposición original *Roma Interrotta* tuvo lugar en 1978 y fue un evento clave en el desarrollo del posmodernismo y el racionalismo italiano. Se reunió a doce arquitectos internacionales, a cada uno se le dio una sección de un mapa de Nolli y se le pidió volver a imaginar Roma. La suposición que se usó como punto de partida fue que el tiempo se había suspendido desde que se trazó el mapa y que la historia había sido *interrotta* (interrumpida). Los arquitectos que participaron fueron: Piero Sartogo, Costantino Dardi, Antoine Grumbach, James Stirling, Paolo Portoghesi, Romaldo Giurgola, Venturi y Rauch, Colin Rowe, Michael Graves, Rob Krier, Aldo Rossi y Leon Krier. Las propuestas variaban mucho en su actitud, desde el collage urbano plausible de Colin Rowe, hasta el pop kitsch de Venturi y la desesperación de Leon Krier. La exposición fue organizada por el Incontri Internazionali d'Arte, en el espacio deteriorado del antiguo Mercado de Trajano. La exposición fue diseñada por Franco Raggi, que utilizó grandes telas para marcar la entrada al espacio, un cubo central en el que se expusieron el dibujo histórico y el nuevo, y una estructura soporte de color azul pálido que contrastaba con las ruinas existentes.

> The original exhibition "Rome Interrupted" took place in 1978 and was a key event in the development of Italian postmodernism and rationalism. Raggi brought together twelve international architects and gave each of them a section of the Nolli Map and asked them to imagine Rome again. The assumption used as a starting point was that time had been suspended since the map was made in 1748 and that history had been *interrotta* (interrupted). The architects were Piero Sartogo, Constantino Dardi, Antoine Grumbach, James Stirling, Paolo Portoghesi, Romaldo Giurgola, Venturi and Rauch, Colin Rowe, Michael Graves, Rob Krier, Aldo Rossi and Leon Krier. The proposals varied greatly in approach, from the plausible urban collage of Colin Rowe to the pop kitsch of Venturi and the desperation of Leon Krier. The exhibition was organized by the Incontri Internazionali d'Arte, in the dilapidated space of the former Trajan Market. The exhibition was designed by Franco Raggi, who used drapery to define the entrance to the space, a central space that exhibited the historical engraving and the new one, and a pale blue supporting structure that contrasted with the surrounding ruins.

Alojamiento para la mujer nómada de Tokyo Pao 2,
[A Dwelling for Tokyo Nomad Women Pao 2], Toyo Ito,
Bruselas [Brussels], Bélgica [Belgium], 1989.

Durante los años ochenta, el arquitecto japonés Toyo Ito desarrolló una serie de estructuras habitables móviles, leves y transparentes pensadas para un momento en el que el concepto de casa comienza a disolverse por toda la ciudad. La unidad habitacional se convierte, entonces, en una cabaña que se puede trasladar de un punto a otro y que ofrece abrigo, muebles para las funciones biológicas básicas y acceso a la información. Estos proyectos exploraron nuevas formas de relación entre lo público y lo privado que continúan evolucionando hoy en día.

    During the 1980s, Japanese architect Toyo Ito developed a series of mobile, light and transparent habitable structures designed for a memento in which the concept of home begins to dissolve throughout the city. The housing unit is then transformed into a movable cabin that offers shelter, furniture for basic biological functions and access to the informational network. These projects explored new forms of relationship between the public and the private that are still evolving today.

BIOGRAFÍAS

A

Isabel Abascal (Madrid, España) es arquitecto por la UPM de Madrid. Estudió también en la TU de Berlín y con Balkrishna Doshi en Ahmedabad. En São Paulo, fue profesora de proyectos durante seis años en la Facultad de Arquitectura, Escola da Cidade y participó de la curaduría de la X Bienal de Arquitectura de São Paulo, además de escribir para *Domus*, *Wallpaper* y *AveryReview*. En 2015 fundó junto a Alessandro Arienzo el estudio de arquitectura LANZA Atelier, nominado al Premio de la Bienal Iberoamericana 2016, al MCHAP 2016 y ganador del Architectural League Prize 2017. Desde 2015 dirige LIGA, espacio para arquitectura, y vive en México.

Axel Arañó (Ciudad de México, México) ha desarrollado una práctica extendida de la arquitectura que abarca tanto la realización de proyectos en diversos géneros y escalas, el desarrollo de estudios e investigaciones en una amplia variedad de temas relativos a la arquitectura, así como una extensa trayectoria en la docencia.

José Arnaud-Bello (Oaxaca, México), arquitecto y artista mexicano cuya obra se enfoca en el proceso recíproco de formación entre una cultura y las condiciones materiales que la rodean. Su práctica se vale de la investigación, la documentación, la especulación, la reflexión y la intervención física. Sus proyectos se documentan y presentan a través de fotografía, video, dibujo, instalación y texto. Ha expuesto, entre otros, en el Palacio de Bellas Artes, la Bienal de São Paulo, el Palais de Tokyo, la Casa del Lago, la Galería OMR y la Galería Luisa Strina.

Diego Arraigada (Rosario, Argentina) estableció su estudio en Rosario, Argentina, en 2005 y es profesor en la Universidad Nacional de Rosario y la Universidad Torcuato Di Tella. Obtuvo el Architectural Review Award en 2009 y representó a Argentina en la II Bienal de Arquitectura Latinoamericana. Su trabajo ha sido expuesto en la 13ª Bienal de Arquitectura de Venecia, entre otros.

B

Mario Ballesteros (Ciudad de México, México) es curador de diseño, editor y crítico. Actualmente es Director y Curador en Jefe en Archivo Diseño y Arquitectura, un espacio dedicado a coleccionar, exhibir y repensar diseño en México. Anteriormente trabajó como Editor Fundador de la edición mexicana de *Domus* y Editor de *Quaderns*, la revista del Colegio de Arquitectos de Cataluña. Ha curado exposiciones de diseño y arquitectura en México y Barcelona y ha escrito para *Domus*, *Quaderns*, *PIN-UP*, *Perspecta*, *2G*, *Icon*, *Uncube*, *Tank*, *Celeste*, *Harper's Bazaar Art*, *Architecture Australia*, *Baumeister*, *ARQA*, *Jornal de Arquitectos*, *Gatopardo*, *Letras Libres* y *Arquine*.

Es cofundador de Andamio, una consultora independiente de carácter curatorial y editorial. Mario obtuvo su licenciatura en Asuntos Internacionales de El Colegio de México y una maestría en Arquitectura y Cultura Urbana del CCCB y la UPC Barcelona Tech.

Barry Bergdoll (Chester, Estados Unidos) fue el Philip Johnson Chief Curator of Architecture and Design en el Museo de Arte Moderno de Nueva York entre 2007 y 2014; actualmente está terminando de preparar una exposición en el mismo museo para junio de 2017 titulada "Unpacking the Archive: Frank Lloyd Wright at 150". Es además profesor de Arquitectura moderna en la Columbia University. En 2015 fue uno de los cuatro curadores para "Latin America in Construction: Architecture 1955-1980" en el MoMA.

C

Nicolás Campodonico (Rosario, Argentina) construye su primera obra en 1997, *Casa en*

BIOGRAPHIES

A

Isabel Abascal (Madrid, Spain) studied architecture at the UPM, Madrid and the TU, Berlin. She also studied in Ahmedabad with Balkrishna Doshi, before moving to São Paulo where she was lecturer for six years at the Faculty of Architecture, Escola da Cidade. She was involved in curating the 10th São Paulo Architecture Biennale, as well as writing for *Domus*, *Wallpaper* and *AveryReview*. In 2015 she founded, together with Alessandro Arienzo, the architecture studio LANZA Atelier, nominated to the Iberoamerica Biennale Prize 2016, the MCHAP 2016 and one of the winners of the Architectural League Prize 2017. Since 2015 she has been the Director of LIGA, Space for Architecture, and lives in Mexico.

Axel Arañó (Mexico City, Mexico) has developed a broad-ranging architecture practice, from built projects to studies and research on a variety of themes relating to architecture, along with extensive teaching experience.

José Arnaud-Bello (Oaxaca, México) and artist whose work focuses on the reciprocal process of formation between a culture and the material conditions that surround it. His practices makes use of research, documentation, speculation, reflection and physical intervention. His projects are documented and presented through photography, video, drawing, installation and text. He has exhibited at the Palacio de Bellas Artes, the São Paulo Biennale, the Palais de Tokyo, Casa del Lago, OMR Gallery and Luisa Strina Gallery.

Diego Arraigada (Rosario, Argentina) established his office in Rosario, Argentina in 2005 and is a professor at the National University of Rosario and the Torcuato Di Tella University. He was awarded the Architectural Review Award in 2009 and represented Argentina at the II Latin-American Architecture Biennale. His work was exhibited at the 13th Venice Biennale of Architecture, among other events.

B

Mario Ballesteros (Mexico City, Mexico) is a design curator, editor and critic. He is currently Director and Chief Curator at Archivo Diseño y Arquitectura, a space dedicated to collecting, exhibiting and rethinking design in Mexico. He previously worked as founding Editor in Chief for the Mexican edition of *Domus* and as editor at *Quaderns*, the journal of the Catalan Architects Association in Barcelona. He has curated design and architecture exhibitions in Mexico and Barcelona, and written for *Domus*, *Quaderns*, *PIN-UP*, *Perspecta*, *2G*, *Icon*, *Uncube*, *Tank*, *Celeste*, *Harper's Bazaar Art*, *Architecture Australia*, *Baumeister*, *ARQA*, *Jornal de Arquitectos*, *Gatopardo*, *Letras Libres* and *Arquine*.

He is co-founder at Andamio, an independent curatorial and editorial consultancy. Mario obtained his bachelor degree in International Affairs from El Colegio de México and a masters degree in Architecture and Urban Culture from the CCCB and the UPC Barcelona Tech.

Barry Bergdoll (Chester, United States) was Philip Johnson Chief Curator of Architecture and Design at New York's Museum of Modern Art from 2007 to 2014; he is currently completing work there on a June 2017 exhibition "Unpacking the Archive: Frank Lloyd Wright at 150." He is also professor of modern architecture at Columbia University. In 2015 he was one of four curators for "Latin America in Construction: Architecture 1955-1980" at MoMA.

C

Nicolás Campodonico (Rosario, Argentina) built his first work in 1997, House in the Field, and in 2000 he established his studio in Rosario, where he designs and builds projects in Argentina and Uruguay. The development of his projects is essentially a reflection on light, space and matter. His work has been displayed at the 1st Latin American Architecture Biennale

el campo, y en 2000 establece su estudio en Rosario, desde donde proyecta y construye obras en Argentina y Uruguay. El desarrollo de sus proyectos es una reflexión sobre luz, espacio y materia. Su trabajo ha sido expuesto en la 1ª Bienal de Arquitectura Latinoamericana y en la 13ª Bienal de Arquitectura de Venecia, entre otras.

Cano Vera (Ciudad de México, México), despacho de arquitectura y urbanismo ubicado en la Ciudad de México, sus fundadores son Juan Carlos Cano y Paloma Vera. Su enfoque es hacer proyectos que partan de la sensatez, del uso racional de los materiales, del contexto social, económico y territorial en el que se insertan, y que tengan cercanía con las personas que vivirán en tales espacios.

Ramiro Chaves (Córdoba, Argentina), artista argentino que vive y trabaja en México. Su trabajo es una aproximación metodológica personal a preguntas sobre luz, historia, memoria, identidad y la manera en la que estas ideas producen lenguaje, imágenes y cosas. Ha realizado proyectos editoriales como *Domingo* (2006), Editorial Diamantina y *XXXXXXXXX* (2014), Editorial Neter; ha expuesto, entre otros, en la XVI Bienal de Fotografía: *De la escultura al archivo*, Centro de la Imagen (2015), y *T de Tlatelolco: Arte, arquitectura e historia*, Centro Cultural Tlatelolco (2015).

José León Cerrillo (San Luis Potosí, México), artista mexicano cuya obra explora y expande las posibilidades de la escultura creando instalaciones que configuran espacios. Interesado en el lenguaje del modernismo, el constructivismo y la abstracción geométrica, José León Cerrillo utiliza tanto textos, símbolos visuales y códigos de color como madera, metal y vidrio para dar forma a estructuras autónomas. Ha formado parte, entre otros, de la Trienal del New Museum y de Expo 1 P.S.1 MoMA, Nueva York.

D

DCPP (Ciudad de México, México) es una práctica profesional independiente fundada por Pablo Pérez Palacios y Alfonso de la Concha Rojas, dedicada a proyectos de arquitectura, arte, planeación, diseño urbano e interior. DCPP se basa en una exploración constante de ideas, usa una metodología específica para cada proyecto y documenta el proceso creativo. Cree en una arquitectura de ideas y no de formas.

Tina DiCarlo es una escritora y curadora basada en Europa. Actualmente es PhD Fellow en Place and Displacement: Exhibiting Architecture, financiado por el Norwegian Research Council del Oslo Center for Critical Architectural Studies de la Oslo School of Architecture. De 2000 a 2007 fue curadora en el Museo de Arte Moderno de Nueva York, donde fue curadora y asistente en numerosas exposiciones.

Tina posee una maestría en Filosofía e Historia del Arte del Courtauld Institute de Londres y una maestría en Diseño Arquitectónico de la Graduate School of Design de Harvard. En 2010 fue editora consultora de LOG 20, el primer compendio sobre la curaduría de la arquitectura. En 2011 fundó ASAP, un archivo dedicado a la colección y exposición de la práctica espacial crítica, cuyos objetos residen entre el arte y la arquitectura.

F

Agnaldo Farias (Itajubá, Brasil) es profesor de la FAU-USP, crítico y curador. Actualmente es curador en jefe del Museo Oscar Niemeyer, Curitiba, y fue curador en jefe del Museo de Arte Moderno, Río de Janeiro (1998-2000); también lo fue de la 29ª Bienal de São Paulo (2010), de la representación brasileña en la 25ª Bienal de São Paulo (1992) y curador adjunto de la 23ª Bienal de São Paulo (1996). Fue curador de la 11ª Bienal de Cuenca, Ecuador (2011), de la representación brasileña de la 54º edición de la Bienal de Venecia (2011) y de la 1ª Bienal de Johannesburgo (1995).

and at the 13th Venice Biennale of Architecture, among other exhibitions.

Cano Vera (Mexico City, Mexico), architecture and urban planning studio founded in Mexico City by Juan Carlos Cano and Paloma Vera, whose main concern is to develop projects focused on a straightforward approach to the social, economic, and territorial context in which they intervene, as well as a rational use of materials, while working closely with the people who will live in the spaces.

Ramiro Chaves (Córdoba, Argentina) An Argentine artist who lives in Mexico, whose work is a personal, methodological approach to questions about light, history, memory, identity and the way in which these ideas produce language, images, and things. Publications include *Domingo* (2006), Editorial Diamantina and *XXXXXXXXXX* (2014), Editorial Neter; and has exhibited at 16th Photography Biennial: *De la escultura al archivo*, Centro de la Imagen (2015), and *T de Tlatelolco: Arte, arquitectura e historia*, Centro Cultural Tlatelolco (2015).

José León Cerrillo (San Luis Potosí, Mexico) A Mexican artist whose work explores and expands the possibilities of sculpture, creating installations that configure spaces, José León Cerrillo is interested in the languages of modernism, constructivism and geometric abstraction, and uses texts, visual symbols and color codes such as wood, metal and glass to shape his autonomous structures. He has exhibited work at the New Museum Triennial and at Expo 1, P.S.1 MoMA, New York.

D
DCPP (Mexico City, Mexico) is an independent practice founded by Pablo Pérez Palacios and Alfonso de la Concha Rojas, devoted to architecture, art, urban design and interior design projects. Its main objective is to provide a clear and strong solution to different types of problems, always responding honestly to the conditions of each project. They believe in an architecture of ideas, not of forms.

Tina DiCarlo is a Europe-based writer and curator. She is currently a PhD Fellow in Place and Displacement: Exhibiting Architecture, funded by the Norwegian Research Council at the Oslo Center for Critical Architectural Studies, Oslo School of Architecture. From 2000-2007 she was a curator at the Museum of Modern Art, New York where she curated and assisted on numerous exhibitions.

Tina holds Master's degrees in philosophy and art history from the Courtauld Institute, London and a Masters in Architectural Design from Harvard's Graduate School of Design. In 2010 she was the consulting editor for LOG 20, the first compendium on curating architecture. In 2011 she founded ASAP, an archive dedicated to the collection and exhibition of critical spatial practice, whose objects reside between art and architecture.

F
Agnaldo Farias (Itajubá, Brazil) is a professor at the FAU-USP, a critic and curator. He is currently chief curator at the Oscar Niemeyer Museum, Curitiba, and was previously chief curator at the Museum of Modern Art in Rio de Janeiro (1998-2000). He was chief curator of the 29th São Paulo Biennial (2010), of the Brazilian pavilion at the 25th São Paulo Biennial (2000), and joint curator of the 23rd São Paulo Biennial (1996). He was curator of the 11th Cuenca Biennial, Ecuador (2011), of the Brazilian pavilion at the 54th Venice Architecture Biennale (2011), and of the 1st Johannesburg Biennial (1995).

Daniel Fernández Pascual (Burgos, Spain) graduated as an architect from the ETSA in Madrid and in Urban Design from the TU University in Berlin and Tongji in Shanghai. He is currently studying for a PhD at the Centre for Research Architecture, Goldsmiths, University

Daniel Fernández Pascual (Burgos, España) es arquitecto por la ETSA de Madrid y Urban Designer por la Universidad TU de Berlin y Tongji de Shanghai. Actualmente es un doctorando en el Centre for Research Architecture, Goldsmiths University of London. Su investigación se centra en la ambigüedad de la ley, especulación inmobiliaria, demarcación de límites territoriales y en la crisis en el sistema de vivienda. Es profesor asociado en el Departamento de Culturas Visuales de Goldsmiths y profesor visitante en el Departamento de Arquitectura del Royal College of Art, Londres. Desde 2013, dirige el estudio Cooking Sections, junto con Alon Schwabe.

G
Thomas Glassford (Texas, Estados Unidos), artista nacido en Texas en 1963. Vive desde hace décadas en México. Instaló su estudio en el barrio de Tacubaya hace once años y posteriormente adquirió una casa muy cerca. Su obra reciente incorpora materiales industriales, como tubos de neón y perfiles metálicos para producir esculturas e instalaciones que guardan una relación irónica con la simplicidad del arte minimalista.

H
Alejandro Haiek (Caracas, Venezuela), arquitecto por la Universidad Central de Venezuela, donde también es miembro del comité académico de diseño del posgrado en la Facultad de Arquitectura y Urbanismo. Cofundador y director desde 1996 del LAB.PRO.FAB (laboratorio de proyecto y fabricación), grupo que reúne diseño, producción e investigación aplicada al desarrollo social, cultural y ambiental.

Rory Hyde (Melbourne, Australia) es curador de arquitectura contemporánea y urbanismo en el Victoria and Albert Museum en Londres, donde presentó la exposición *All of This Belongs to You* (2015) y actualmente prepara una exposición sobre el futuro del diseño. Estudió arquitectura en el RMIT en Melbourne, donde también presentó su doctorado sobre el impacto de las nuevas tecnologías sobre las prácticas arquitectónicas. Ha trabajado para diversos estudios e instituciones en Australia y alrededor del mundo, incluyendo ARM, BKK, MVRDV, Volume, Mediamatic y el NAi. Su primero libro, *Future Practice: Conversations from the Edge of Architecture* (Routledge, 2012), recibió el premio del Australian Institute of Architects para arquitectura en los medios.

I
Wonne Ickx (Amberes, Bélgica) estudió ingeniería civil en la Universidad de Ghent y obtuvo un posgrado en estudios urbanos del Centro para Estudios Metropolitanos (CEMET) en la Universidad de Guadalajara, México. En 2006 estableció el estudio PRODUCTORA en la Ciudad de México, con Abel Perles, Carlos Bedoya y Víctor Jaime. Ha enseñado en diversas universidades en la Ciudad de México, UCLA en Los Ángeles y el IIT en Chicago. Es uno de los directores fundadores de LIGA, Espacio para Arquitectura.

Graciela Iturbide (Ciudad de México, México), fotógrafa mexicana nacida en 1942, fue asistente del fotógrafo Manuel Álvarez Bravo. Entre 1980 y 2000, Iturbide realizó proyectos propios en México, Cuba, Alemania Oriental, India, Madagascar, Hungría, París y Estados Unidos. En 2008 recibió el Premio Hasselblad por su trayectoria.

L
Adriana Lara (Ciudad de México, México), artista mexicana con una formación interdisciplinaria y autodidacta. Su obra establece una tensión entre lo puramente formal y la reflexión conceptual. Desafía las convenciones artísticas, manipulando materiales y significados para generar cierta contradicción. Su trabajo utiliza e hibrida una gran variedad de soportes, escultura, video o *performance*. Ha expuesto en dOCUMENTA, Kassel; MUSAC, León; Kunsthalle Basel, Suiza; New Museum,

of London. His research is focused on the ambiguity of the law, real estate speculation, the demarcation of territorial boundaries and the housing crisis. He is associate professor in the Department of Visual Cultures at Goldsmiths and visiting professor at the School of Architecture at the Royal College of Art, London. Since 2013 he has directed the studio Cooking Sections, together with Alon Schwabe.

G

Thomas Glassford (Texas, United States) is an artist born in Texas in 1963 who has lived in Mexico for decades. He established his studio in the Tacubaya neighborhood eleven years ago and subsequently acquired a nearby house. His recent work incorporates industrial materials such as neon tubes and metal rods to produce sculptures and installations that maintain an ironic relationship with the simplicty of minimalist art.

H

Alejandro Haiek (Caracas, Venezuela) graduated as an architect from the Universidad Central de Venezuela, where he is also a professor and member of the Academic Graduate Committee of Design at the Faculty of Architecture and Urbanism. Since 1996, he has been Director of LAB.PRO.FAB (design and manufacturing laboratory), a group which integrates design, production and research applied to social, cultural and environmental development.

Rory Hyde (Melbourne, Australia) is the Curator of Contemporary Architecture and Urbanism at the Victoria and Albert Museum in London, where he curated the exhibition *All of This Belongs to You* (2015) and is currently working on a forthcoming exhibition about the future of design. He studied architecture at RMIT in Melbourne, where he also completed his PhD on the impact of new technology on architectural practice. He has worked for various practices and institutions in Australia and abroad, including ARM, BKK, MVRDV, Volume, Mediamatic and the NAi. His first book, *Future Practice: Conversations from the Edge of Architecture* (Routledge 2012), was awarded an Australian Institute of Architects prize for architecture in the media.

I

Wonne Ickx (Antwerp, Belgium) studied civil engineering and architecture at the University of Ghent and obtained a postgraduate degree in Urban Studies form the Center for Metropolitan Studies (CEMET) at the University of Guadalajara, Mexico. In 2006 he established the architectural firm PRODUCTORA in Mexico City, together with Abel Perles, Carlos Bedoya and Víctor Jaime. He has been teaching in several universities in Mexico City, at UCLA in Los Angeles and at IIT in Chicago. He is one of the founding directors of LIGA, Space for Architecture.

Graciela Iturbide (Mexico City, Mexico) is a Mexican photographer born in 1942, who worked as an assistant to Manuel Álvarez Bravo. Between 1980 and 2000, Iturbide undertook her own projects in Mexico, Cuba, East Germany, India, Madagascar, Hungary, Paris and the United States. In 2008 she was awarded the Hasselblad Prize for her life's work.

L

Adriana Lara (Mexico City, Mexico) A Mexican artist with an interdisciplinary and self-taught education, whose work establishes a tension between purely formal aspects and conceptual reflection. She challenges artistic conventions, manipulating materials and meanings to generate a sense of contradiction. Her work uses a wide variety of supports, including sculpture, video and performance, in a hybrid approach. She has shown her work at dOCUMENTA, Kassel; MUSAC, León; Kunsthalle Basel, Switzerland; New Museum, New York; CCA Wattis Institute of Contemporary Arts, San Francisco; and Palais de Tokyo, Paris.

Nueva York; CCA Wattis Institute of Contemporary Arts, San Francisco; Palais de Tokyo, París.

Felipe Leal (Ciudad de México, México), arquitecto responsable de gestionar el ingreso de Ciudad Universitaria en la Lista del Patrimonio Mundial de la UNESCO, fue asimismo fundador de la Autoridad de Espacio Público del Gobierno de la Ciudad de México en 2008.

Llonazamora (Lima, Perú) es un taller fundado por la arquitecta peruana Michelle Llona R. y el arquitecto chileno Rafael Zamora P., con sede en Lima desde 2009. La oficina aborda distintas escalas de proyectos para proponer soluciones simples. Obtuvieron primer lugar en el "Concurso de ideas para intervenciones en el Parque Arqueológico Nacional Machupicchu" (2014).

Pablo López Luz (Ciudad de México, México), fotógrafo mexicano cuya obra lidia con dos grandes temas, la relación entre pasado y presente en la ciudad contemporánea y la relación entre ser humano y espacio, en el paisaje. Su trabajo exhibe una fascinación por las grandes ciudades que en su proceso de crecimiento producen una nueva vista que suplanta por completo el paisaje natural. Ha publicado: *Pablo López Luz* (2011) y *Pyramid* (2014), Editorial RM. Ha expuesto en SFMOMA, Somerset House, Instituto Cervantes de Madrid, Fondation Cartier pour l'art contemporain, International Center of Photography, Museo de Arte Moderno (México), Museo de Arte Carrillo Gil y Galería Arroniz, entre otros.

Ludens (Ciudad de México, México) fue fundado por el arquitecto Iván Hernández Quintela en 2002, como plataforma de exploración lúdica, donde se aproxima al diseño, a partir de una serie de reglas espaciales, materiales y programáticas y donde la arquitectura se vuelve un entorno interactivo abierto a la manipulación de sus habitantes.

M

Macías Peredo (Guadalajara, México) es un estudio con sede en la ciudad de Guadalajara, interesado en la arquitectura ligada a los procesos manuales y artesanales de construcción. Integrado por Salvador Macías y Magui Peredo, profesores del Instituto Tecnológico y de Estudios Superiores de Occidente, Guadalajara. Obtuvieron el primer lugar en el Pabellón Eco 2013 y el premio Emerging Voices 2014 del *The Architectural League of New York*.

MAPA es un colectivo binacional resultado de la fusión de MAAM (Montevideo, Uruguay) y Studio Paralelo (Porto Alegre, Brasil), integrado por Matías Carballal, Andrés Gobba, Mauricio López, Luciano Andrades, Rochelle Castro y Silvio Machado. El equipo trabaja en simultáneo en sus dos sedes de Montevideo y Porto Alegre, explotando su doble condición geográfica.

Emilio Marín y Juan Carlos López (Santiago de Chile, Chile), fue un estudio fundado en 2005 por Emilio Marín al cual Juan Carlos López se unió como socio en 2010. Emilio Marín es también fundador de la editorial independiente Public Library. La oficina tuvo una colección heterogénea de trabajo y se interesa asimismo por la investigación como componente fundamental del proceso de diseño.

Carlos Mínguez Carrasco (Barcelona, España) es arquitecto con sede en Nueva York; actualmente es curador asociado en Storefront for Art and Architecture y curador en jefe de la Trienal de Arquitectura de Oslo 2016, junto con la After Belonging Agency. Escribe con asiduidad en diferentes publicaciones de arquitectura y ha organizado una amplia gama de exposiciones, eventos y concursos, con un particular interés en la formas en las que aspectos políticos, sociales y culturales contemporáneos influyen en la arquitectura. Ha sido profesor en GSAPP Columbia University y ha dado charlas en diferentes universidades y

Felipe Leal (Mexico City, Mexico) is the architect behind the inclusion of the Ciuidad Universitaria campus on UNESCO's World Heritage list. He was also founder of the Public Space Authority for the Mexico City government in 2008.

Llonazamora (Lima, Peru) is a studio founded by Peruvian architect Michelle Llona R. and Chilean architect Rafael Zamora P., and based in Lima, Peru since 2009. The office works with projects on different scales and seeks to propose simple solutions. The were awarded first prize in the competition "Ideas for Interventions at the Machu Picchu Archeological Site" (2014).

Pablo López Luz (Ciudad de México, Mexico) A Mexican photographer whose work deals with two major themes: the relation between past and present in the contemporary city and the relation between human beings and space in the landscape. His work exhibits a fascination for major cities that as they expand produce a new vision that completely supplants the natural landscape. He has published Pablo López Luz (2011) and Pyramid (2014) with Editorial RM. He has exhibited at SFMOMA, Somerset House, Instituto Cervantes de Madrid, Fondation Cartier pour l'art contemporain, International Center of Photography, Museo de Arte Moderno (Mexico), Museo de Arte Carrillo Gil and Galería Arroniz, among others.

Ludens (Mexico City, Mexico), was established by Ivan Hernandez-Quintela in 2002, as a platform for the exploration of design as play within a series of spatial, material and programmatic rules, where architecture becomes an interactive context open to manipulation by its inhabitants.

M
Macías Peredo (Guadalajara, Mexico) is an architecture studio based in Guadalajara focused on architecture linked to manual and artisanal processes. Founded by Salvador Macías and Magui Peredo, both professors at the Instituto Tecnológico y de Estudios Superiores de Occidente, Guadalajara. They were winners of the El Eco Pavilion competition 2013, and in 2014 were awarded the Emerging Voices Prize by The Architectural League of New York.

MAPA is a binational collective that emerged from the union of MAAM (Montevideo, Uruguay) and Studio Paralelo (Porto Alegre, Brazil), formed by Matías Carballal, Andrés Gobba, Mauricio López, Luciando Andrades, Rochelle Castro and Silvio Machado. The team works simultaneously in two offices: Montevideo and Porto Alegre, taking advantage of their dual geographical situation.

Emilio Marín and Juan Carlos López (Santiago de Chile, Chile), was a studio founded in 2005 by Emilio Marin, which Juan Carlos Lopez joined as a partner in 2010. Emilio Marin is also founder of the independent publishing house Public Library. The studio has a heterogeneous archive of work and is also interested in research, as a fundamental component of the design process.

Carlos Mínguez Carrasco (Barcelona, Spain) is a New York-based architect; he is currently associate curator at Storefront for Art and Architecture and head curator at the Oslo Architecture Triennale 2016, together with the After Belonging Agency. He regularly writes for architecture publications and has organized a wide range of exhibitions, events, and competitions, with a particular focus on the ways in which contemporary political, social and cultural elements influence architecture. He has taught at Columbia University GSAPP and delivered talks at universities and cultural centers in Europe, the United States and Latin America.

MMX Studio (Mexico City, Mexico), was established in 2009 in Mexico City as a collaborative practice founded by Jorge Arvizu, Ignacio del

centros culturales de Europa, Estados Unidos y Latinoamérica.

Estudio MMX (Ciudad de México, México) se estableció en 2009 en la Ciudad de México, como equipo colaborativo fundado por Jorge Arvizu, Ignacio del Río, Emmanuel Ramírez y Diego Ricalde. La oficina desarrolla propuestas cuyos territorios varían desde el diseño e instalaciones hasta la arquitectura y el urbanismo.

P

Anna Puigjaner y Guillermo López son cofundadores de MAIO (Barcelona, España), un estudio de arquitectura que trabaja en sistemas flexibles, en el que conceptos como variación, efímero o ad hoc permiten materializar posiciones teóricas. Actualmente son editores de la revista Quaderns d'Arquitectura i Urbanisme del Colegio de Arquitectos de Cataluña y comisarios, junto a Mortiz Küng y Curro Claret, de la galería TheWholeHoleHall. Su trabajo ha sido expuesto en la Bienal de Arquitectura de Venecia, en el Museo de Arte Moderno de Nueva York y en el Art Institute of Chicago, entre otros.

R

La oficina Ricardo Carvalho + Joana Vilhena Arquitectos (Lisboa, Portugal) se fundó en 1999 en Lisboa. Su trabajo ha sido presentado en el Royal Institute of British Architects, Londres, en el Ozone Design Center de Tokio y en la 13ª Bienal de Venecia de Arquitectura, entre otros.

Pedro Reyes (Ciudad de México, México), artista nacido en 1972 en la Ciudad de México, estudió arquitectura en la Universidad Iberoamericana. En 1996 fundó el proyecto experimental Torre de los Vientos, que funcionó hasta 2002. Su trabajo incluye escultura, arquitectura, video y participación social.

Florencia Rodríguez (Buenos Aires, Argentina) es arquitecta, editora y crítica de arquitectura. Obtuvo el Loeb Fellowship de Harvard Graduate School of Design, clase 2014. Desde 2010 es directora editorial y socia fundadora de PLOT, y desde 2016 dirige, junto con Pablo Gerson, el proyecto Monte: un espacio de encuentro, estudio, debate y difusión sobre arquitectura y estudios urbanos como prácticas culturales. Fue profesora titular en la Facultad de Arquitectura de la Universidad de Palermo y hoy dicta los seminarios en los programas para graduados de la Escuela de Arquitectura de la Universidad Torcuato di Tella.

Vicente Rojo (Barcelona, España), artista nacido en Barcelona en 1932. Miembro de la llamada "generación de la ruptura", es considerado uno de los pintores más importantes del abstraccionismo en México, donde vive desde 1949. Su obra también incluye diseño gráfico y, más recientemente, escultura.

S

Paola Santoscoy (Ciudad de México, México) es curadora de arte contemporáneo. Es licenciada en Historia del Arte por la Universidad Iberoamericana y cuenta con una maestría en Estudios Visuales del California College of the Arts, San Francisco. Actualmente es directora del Museo Experimental el Eco, en la Ciudad de México. En 2011 fungió como curadora adjunta de la 8ª Bienal de Mercosur, Porto Alegre, Brasil. Y en 2010 como curadora de la muestra "La Naturaleza de las Cosas" de la 1ª Bienal de las Américas en Denver, Estados Unidos.

Melanie Smith (Poole, Inglaterra), artista nacida en 1965 en el Reino Unido, desde 1989 vive en la Ciudad de México. Este hecho ha tenido una influencia decisiva en el desarrollo de su obra, que se ha caracterizado por la relectura de las categorías formales y estéticas de las vanguardias y movimientos posvanguardistas.

T

TACOA Arquitectos (São Paulo, Brasil) fue fundado en 2005 por Rodrigo Cerviño y Fernando Falcón. El estudio es responsable de

Río, Emmanuel Ramírez and Diego Ricalde. The office develops ideas that range from design and installations to architecture and urbanism.

P

Anna Puigjaner and Guillermo López are co-founders of MAIO (Barcelona, Spain), an architecture studio that works with flexible systems, in which concepts such as variation, ephemerality or ad hoc provide a basis for theoretical positions. Currently they edit the journal *Quaderns d'Arquitectura i Urbanisme* published by the Catalonian Architects Association, and are curators, together with Mortiz Küng and Curro Claret, of the gallery TheWholeHoleHall. Their work has been shown at the Venice Architecture Biennale, at the Museum of Modern Art, New York and at the Art Institute of Chicago, among others.

R

The office Ricardo Carvalho + Joana Vilhena Architects (Lisbon, Portugal) was founded in 1999 in Lisbon. Their work has been shown at the Royal Institute of British Architects, London, the Ozone Design Center in Tokyo and the 13th Venice Biennale of Architecture, among others.

Pedro Reyes (Mexico City, Mexico) is an artist born in 1972 in Mexico City. He studied Architecture at the Universidad Iberoamericana and in 1996 founded the experimental project Torre de los Vientos, which operated until 2002. His work includes sculpture, architecture, video and social participation.

Florencia Rodríguez (Buenos Aires, Argentina) is an architect, editor and architecture critic. She received the Loeb Fellowship de Harvard Graduate School of Design, class of 2014. Since 2010 she has been publishing director and founding partner of *PLOT*, and since 2016 she has directed the project Monte together with Pablo Gerson: a space for encounter, study, debate and dissemination of architecture and urban studies as cultural practices.

She was full professor at the Faculty of Architecture in the University of Palermo, and today delivers seminars for the graduate program at the School of Architecture at Torcuato di Tella University.

Vicente Rojo (Barcelona, Spain) is an artist born in Barcelona in 1932. A member of the so-called "Rupture" generation, he is considered one of the most important abstract painters in Mexico, where he has lived since 1949. His work also includes graphic design and, more recently, sculpture.

S

Paola Santoscoy (Mexico City, Mexico) is a curator of contemporary art. She studied History of Art at the Universidad Iberoamericana, and holds a Masters in Visual Studies from the California College of the Arts, San Francisco. She is currently director of the El Eco Experimental Museum in Mexico City. In 2011, she was associate curator at the 8th Mercosur Biennale, Porto Alegre, Brazil, and in 2010 curated the exhibition "La Naturaleza de las Cosas" at the 1st Biennial of the Americas in Denver, USA.

Melanie Smith (Poole, England) is an artist born in the United Kingdom in 1965 who has lived in Mexico City since 1989. This has had a decisive influence on her work, which is characterized by a reinterpretation of the formal and aesthetic categories of the avant-garde and post avant-garde movements.

T

TACOA Arquitectos (São Paulo, Brazil), was founded in 2005 by architects Rodrigo Cerviño and Fernando Falcón. The studio designed projects including Adriana Varejao Gallery (2008), the Plot 40 House (2010), Fortes Vilaça Gallery (2008); Villa Aspicuelta (2014) and Pivô Cultural Center (2013), among others.

Taller de Arquitectura (Mexico City, Mexico) responds to a rational and sensitive approach

proyectos como la Galería Adriana Varejão (2008), la Residencia Plot 40 (2010), el Galpão Fortes Vilaça (2008), la Vila Aspicuelta (2014) y el Centro Cultural Pivô (2013).

Taller de Arquitectura (Ciudad de México, México) responde a un pensamiento racional y sensible que trabaja integrando el entorno en los proyectos. El trasfondo teórico que sustenta esta práctica es decididamente político y ha sentado un marco de referencia para la joven arquitectura latinoamericana.

Teatro Ojo (Ciudad de México, México) está integrado por Héctor Bourges, Karla Rodríguez, Laura Furlan y Patricio Villarreal. Se fundó en 2012 en la Ciudad de México donde residen y trabajan actualmente. Su práctica se ha desplazado de los territorios propiamente teatrales hacia la llamada escena expandida, la intervención urbana, el *site-specific art* y el *performance*.

Tezontle (Ciudad de México, México) es un estudio de arquitectura y producción de arte con sede en la Ciudad de México, fundado por Carlos H. Matos y Lucas Cantú. Se especializa en proyectos de pequeña y mediana escala, con un enfoque *design-build*. Su objetivo es reinventar los procesos constructivos del contexto inmediato, inspirados por lo primitivo, lo vernáculo y su relación con la naturaleza.

V

Anna Juni, Enk te Winkel, Gustavo Delonero (VÃO) y Marina Canhadas (São Paulo, Brasil) estudiaron arquitectura en São Paulo, Brasil. Los cuatro arquitectos se unieron para realizar el proyecto para LIGA21 al identificarse todos ellos con un proceso de trabajo que se basa en la fundamentación teórica y experimental, investigando características peculiares del campo de actuación que puedan ser incorporadas al proyecto.

Danh Võ (Bà Rịa, Vietnam), artista nacido en Vietnam en 1975. Siendo un niño, su familia se estableció en Dinamarca, donde el artista creció. Recientemente comenzó a vivir en la Ciudad de México y adquirió una casa en la colonia Roma, que fue reformada según su proyecto personal y con la colaboración de los arquitectos de Módica Ledezma arq. Su trabajo recurre a elementos de su propia experiencia para explorar temas históricos, sociales o políticos. Võ cuestiona los valores culturales imperantes en cada sociedad, y los conceptos de identidad y pertenencia.

that works to integrate projects into their context. The theoretical foundation for the practice is avowedly political and has established a benchmark for young architects in Latin America.

Teatro Ojo (Mexico City, Mexico) The Teatro Ojo group comprises Héctor Bourges, Karla Rodríguez, Laura Furlan and Patricio Villarreal. It was founded in 2012 in Mexico City, where the members currently live and work. Its practice has shifted from the territory of theater proper to the so-called expanded stage, urban intervention, site-specific art, and performance.

Tezontle (Mexico City, Mexico) is an architecture and art production studio based in Mexico City founded by Carlos H. Matos and Lucas Cantú. It focuses on developing highly bespoke small- and medium-scale projects with an on-site design-build approach. The studio aims to reinvent craft by looking at the primitive and vernacular of the immediate context, and its relationship with nature.

V
Anna Juni, Enk te Winkel, Gustavo Delonero (VĀO) and Marina Canhadas (São Paulo, Brazil), studied architecture in São Paulo, Brazil. The four architects came together to develop this project for LIGA 21 because they all identified with a work process that is based on theoretical and experimental grounds, researching specific features of the field of action that may be incorporated into the project.

Danh Võ (Bà Ria, Vietnam), is an artist born in Vietnam in 1975. As a child, his family settled in Denmark, where he grew up. He recently moved to Mexico City, and acquired a house in the Roma neighborhood which he converted according to his personal project in collaboration with the architects Módica + Ledezma. Danh Võ's work works with elements of his own experience to explore historical, social and political themes. The artist questions the dominant cultural values in each society, as well as the concepts of identity and belonging.

CRÉDITOS DE IMÁGENES
IMAGE CREDITS

p. 5
Fotografía [Photograph]:
Robert Wood
Cortesía de [Courtesy of]
Leslie Wood

p. 7
Fotografía [Photograph]:
Enrico Cattaneo
Cortesía de [Courtesy of]
Archive Mauro Staccioli

p. 21
Cortesía de [Courtesy of]
Archive Ugo La Pietra

p. 23
Cortesía de [Courtesy of]
Ugo Mulas Heirs
Todos los derechos reservados
[All rights reserved]

pp. 26-31, 38-79, 86-91
Fotografía [Photograph]:
LGM Studio - Luis Gallardo

pp. 32-37
Fotografía [Photograph]:
Francisco Pinto

pp. 80-85
Fotografía [Photograph]:
Rafael Gamo

pp. 92-97, 100-101, 150-173
Fotografía [Photograph]:
Francesc Pascual i Torrens

p. 103
Cortesía de [Courtesy of]
Luc Deleu

p. 103
Cortesía de [Courtesy of]
Fondazione La Triennale di Milano

p. 145
Cortesía de [Courtesy of]
Hans Hollein

p. 147
Cortesía de [Courtesy of]
Sonnabend Gallery, New York

p. 175
Cortesía de [Courtesy of]
Matteo Piazza

p. 177
Fotografía [Photograph]:
Niels Mickers
Cortesía de [Courtesy of]
Niels Mickers

p. 200
Cortesía de [Courtesy of]
California Institute of the Arts

p. 204, 206
Cortesía de [Courtesy of]
Anna Puigjaner, Guillermo López
MAIO

p. 222, 225, 226, 229
Fotografía [Photograph]:
Max Creasy
Cortesía de [Courtesy of]
Max Creasy

p. 244
Fotografía [Photograph]:
Istvan Virag

p. 283
Cortesía de [Courtesy of]
Franco Raggi

p. 285
Cortesía de [Courtesy of]
Toyo Ito & Associates, Architects

Las imágenes sin acreditación específica fueron tomados por LIGA, Espacio para Arquitectura.
 Images without any specific reference were taken by LIGA, Space for Architecture.

Los derechos de las imágenes son propiedad de sus respectivos autores. Los autores de este libro han hecho lo posible por localizar a los propietarios de cada imagen y solicitar el respectivo permiso de publicación. Para cualquier aclaración al respecto por favor contacte a LIGA.
info@liga-df.com
 Image rights are property of their authors. The authors of the book have done everything possible to locate the owners of each image and have requested permission for publication. For any further clarification please contact LIGA.
info@liga-df.com

AGRADECIEMIENTOS

LIGA, Espacio para Arquitectura es un proyecto que existe gracias al apoyo, la generosidad y el trabajo conjunto de muchas personas. Cada una de ellas ha sido una pieza clave en algún momento a lo largo de estos seis años de vida.Queremos agradecer a todos esos amigos, colegas, aliados y patrocinadores que han hecho posible que LIGA continúe existiendo como un foro abierto, público, gratuito y sin ánimo de lucro.

    Un especial agradecimiento a Alejandro Tapia, Katerina Alatzia y a todo su equipo de La Invencible por ser nuestros cómplices incansables en la producción y montaje de muchas de las exposiciones. Gracias igualmente a Fermín Espinosa y Gerardo Salinas de Factor Eficiencia por el invaluable y heroico apoyo en el desarrollo de muchas de las piezas expuestas.

LIGA no sería posible sin el apoyo de Moisés Cosío a través de la Fundación Alumnos 47 y su fantástico equipo encabezado por Adriana Maurer, gracias a ellos por creer en este proyecto.

    Nuestro agradecimiento más entusiasta a la Graham Foundation for Advanced Studies in the Fine Arts y a su directora Sarah Herda, que desde su sede en Chicago nos ha apoyado ininterrumpidamente a través de su excelente programa de becas a organizaciones.

Agradecemos a CEMEX por la contribución a la publicación de este libro, así como por su apoyo para la producción de la exposición LIGA 18 Jardineira, la primera pieza permanente de LIGA.

    Gracias también a Moisés Micha y a Carlos Couturier que han estado colaborando con nosotros desde la fundación de LIGA, recibiendo a nuestros invitados con hospitalidad, en la excelente red de hoteles de Grupo Habita.

Queremos agradecer especialmente a la Fundación Jumex Arte Contemporáneo por el apoyo brindado a través de su programa de fomento.

    A Taller de Comunicación Gráfica, Uzyel Karp y Verónica Monsiváis, así como a su equipo, queremos agradecer su fantástico y paciente apoyo a lo largo de muchos años de diseño de publicaciones para LIGA.

Gracias también a MACOLEN, imprenta risográfica que siempre tiene listas a tiempo las publicaciones que acompañan el intenso calendario de Interludios.

    En esta ocasión queremos agradecer a la Coordinación General de Asuntos Internacionales, en especial al ingeniero Cuauhtémoc Cárdenas y a Tatiana Alcázar, por ser los impulsores de la Convocatoria para la Intervención Arquitectónica para el Pabellón de la Feria de las Culturas. Estamos felices y orgullosos de haber apoyado la organización de esta convocatoria pública por segundo año consecutivo. En este sentido, agradecemos y felicitamos a todos los arquitectos que han participado o que han sido premiados en alguna de las dos ediciones y muy especialmente a los miembros de cada uno de los colegas participantes, así como a los miembros del jurado que prestaron su conocimiento y su tiempo a este fin: Diego Ricalde, Nicolás Vázquez, René Caro Gómez, Rozana Montiel, Felipe de Jesús Gutiérrez, Alejandro Hernández, Emanuel Ramírez, Fernanda Canales, Francisco Pardo, José Luis Cortés, Víctor Alcérreca, Ignacio del Río, Paloma Vera, Margarita Flores, Roberto Remes, Jorge Ambrosi, Gabriela Carrillo, Ariel Rojo, Miquel Adrià, Félix Villaseñor.

Nos gustaría mencionar asimismo a todas las empresas que han colaborado con LIGA en la producción de proyectos concretos, como Central de Maquetas, Maxstone, DUCO, Bonifacio López, Arauco y Jovar. Gracias también a organismos institucionales como la Embajada de

ACKNOWLEDGEMENTS

LIGA, Space for Architecture is a project that exists thanks to the support, generosity and combined efforts of many people. Each of them has played a key role at some point over the six years since LIGA was founded. We want to thank all these friends, colleagues, allies and sponsors who have made it possible for LIGA to continue to exist as an open, public, free and non-profit forum.

> Special thanks to Alejandro Tapia, Katerina Alatzia and their team at La Invencible for being our tireless accomplices in the production and installation of many of the exhibitions. Thanks also to Fermín Espinosa and Gerardo Salinas at Factor Eficiencia for their invaluable and heroic support for the development of many of the works shown.

LIGA would not be possible without the support of Moisés Cosío through Fundación Alumnos 47 and their fantastic team led by Adriana Maurer, our thanks to them for believing in this project.

> Our warmest thanks to the Graham Foundation for Advanced Studies in the Fine Arts and its director Sarah Herda, which from its base in Chicago has supported us without fail through its excellent program of grants for organizations.

We thank CEMEX for its contribution to the publication of this book, and for its support for the production of the exhibition LIGA 18 Jardineira, the first permanent work by LIGA.

> Thanks also to Moisés Micha and Carlos Couturier, who collaborated with us since LIGA's foundation, receiving our guests at their excellent network of Grupo Habita hotels.

We would like to offer special thanks to the Fundación Jumex Arte Contemporáneo for the support provided through its support program.

> Thanks to Taller de Comunicación Gráfica, Uzyel Karp and Verónica Monsiváis, and their team, for their fantastic and patient support over many years of designing publications for LIGA.

Thanks also to MACOLEN, our print shop which always has the publications for the busy *Interludes* calendar ready on time.

> We would like to take the opportunity to thank the Coordinación General de Asuntos Internacionales, especially Cuauhtémoc Cárdenas and Tatiana Alcázar, for backing the Open Call for the Architectural Intervention at the Pabellón de la Feria de las Culturas. We are delighted and proud to have supported the organization of this public call for entries for the second year running. In this regard, we thank and congratulate all those architects who took part in or received prizes at any of the two editions, and especially the members of each of the participating colleges, together with the members of the jury who offered their knowledge and time for this purpose: Diego Ricalde, Nicolás Vázquez, René Caro Gómez, Rozana Montiel, Felipe de Jesús Gutiérrez, Alejandro Hernández, Emanuel Ramírez, Fernanda Canales, Francisco Pardo, José Luis Cortés, Víctor Alcérreca, Ignacio del Río, Paloma Vera, Margarita Flores, Roberto Remes, Jorge Ambrosi, Gabriela Carrillo, Ariel Rojo, Miquel Adrià, and Félix Villaseñor.

We would like to mention all the firms that have partnered with LIGA on the production of specific projects, including Central de Maquetas, Maxstone, DUCO, Bonifacio López, Arauco and Jovar. Thanks also to institutional bodies such as the Embassy of Argentina in Mexico and the Dirección General de Cooperación Educativa y Cultural for their support for air tickets that have helped to make distances seem shorter.

> To all our annual sponsors including Bohemia, Espíritu Lauro, and Yellow Tail who support our opening events. Thanks also to Elena Reygadas for receiving us at Rosetta and making the Allies dinners one of our most-anticipated events of the year. Thanks to Ramiro

Argentina en México y la Dirección General de Cooperación Educativa y Cultural por su apoyo con boletos de avión que han hecho que las distancias pareciesen más cortas.

A todos nuestros patrocinadores anuales como Bohemia, Espíritu Lauro, Yellow Tail que nos acompañan en todas las inauguraciones. Gracias también a Elena Reygadas por recibirnos en Rosetta y convertir las cenas de Aliados en una de las citas que más esperamos en el año. Gracias a Ramiro Dávila y Frida Luna a través de las empresas Panel Rey y Armstrong por acompañarnos en estas ocasiones.

Un abrazo especial a César Cervantes por acogernos en su maravillosa Casa Pedregal y convertir la celebración de nuestros cinco años en una velada inolvidable con la presencia de Dirk Denison, Sasha Zanko, Stan Allen, Florencia Rodríguez, Ila Berman, Jean Pierre Crousse y Wiel Arets, además de todos nuestros Aliados.

Nuestro abrazo más afectuoso a los amigos que forman parte de nuestro sistema de Aliados y que, además de patrocinarnos, contribuyen a LIGA con sus opiniones, su tiempo, su presencia y su cariño por esta plataforma: Aimée Labarrere de Servitje, Lucio Muniain, Tatiana Bilbao, Yuri Zagorin, Alfonso Medina, Carlos Coronel, Derek Dellekamp, Francisco Pardo, Héctor Esrawe, Javier Sánchez, Jorge Hernández de la Garza, Jose Castillo + Saidee Springall, Mauricio Rocha + Gabriela Carrillo, Max von Werz, Michel Rojkind y Verónica González Zavala. Gracias también a José Esparza Chong Cuy, Julieta González, Homero Hernández y Enrique Giner de los Ríos.

Agradecemos también a nuestros *media partners*, comenzando por Arquine, que a través de Miquel Adrià y Andrea Griborio nos ha apoyado incesantemente desde la fundación de LIGA. Un abrazo muy especial a Arch Daily y a David Basulto, y en especial al excelente equipo de su directora en México, Vanessa Vielma. Gracias también a DOMUS México, América Central y el Caribe por su constante colaboración.

Gracias a Moritz Bernoully, autor apasionado de muchos de los videos de LIGA y a Karen Muciño autora del video de LIGA 20.

LIGA es un espacio pequeño pero la colaboración de muchas otras instituciones lo hace cada vez más grande. Gracias a los espacios que nos han acogido para celebrar conferencias, debates y recorrer así la fascinante Ciudad de México. Gracias Centro de Cultura Digital, Galería OMR, Casa Pedregal, Sala de Arte Público Siqueiros, Casa Max Cetto y Fundación INBA, Pabellones de México en la Feria de las Culturas Amigas, Museo Jumex, Huerto Romita, Torre 41, Casa Gilardi, Museo Tamayo de Arte Contemporáneo.

Sin las reflexiones y palabras de los autores que contribuyeron con sus textos críticos a cada una de las ediciones de LIGA, el proyecto no estaría completo: Marta Bogéa, Gustavo Adolfo Carabajal, Marcelo Villafañe, Francisco Díaz, Guilherme Wisnik, Jorge Rivera, Josep Quetglas, Billie Tsien, Josep Maria Montaner, Pablo Chiuminatto, Diego Capandeguy, Angelo Bucci, Mark Lee, Pablo Landa y Manuel Aires Mateus.

Gracias al equipo del CCAU en Guadalajara por colaborar con nosotros en LIGA 21 e Interludios de Tres, esperamos poder seguir trabajando juntos.

Gracias a todo el equipo de PRODUCTORA por compartir su tiempo y espacio con nosotros, apoyándonos siempre. Nuestro más cariñoso agradecimiento a Lucrecia Sodo, quien siempre resuelve mágicamente nuestros pequeños problemas cotidianos. Gracias también a E Buró, Alex Quinto y César Atayde por apoyarnos tan pacientemente con nuestra web.

Nuestro más sincero agradecimiento a Santiago San Román Payro y su gran equipo por acoger nuestro espacio dentro del maravilloso edificio de Augusto Álvarez y Juan Sordo Madaleno situado en Av. Insurgentes Sur 348.

Dávila and Frida Luna through the companies Panel Rey and Armstrong for accompanying us on these occasions.

Warm thanks to César Cervantes for receiving us at his magnificent Casa Pedregal and making the celebration of our first five years an unforgettable evening, with the presence of Dirk Denison, Sasha Zanko, Stan Allen, Florencia Rodríguez, Ila Berman, Jean Pierre Crousse and Wiel Arets, together with all our Allies.

Our warmest thanks to the friends who are part of our system of Allies and who, as well as sponsoring us, contribute to LIGA with their opinions, time, presence and love for this platform: Aimée Labarrere de Servitje, Lucio Muniain, Tatiana Bilbao, Yuri Zagorin, Alfonso Medina, Carlos Coronel, Derek Dellekamp, Francisco Pardo, Héctor Esrawe, Javier Sánchez, Jorge Hernández de la Garza, Jose Castillo + Saidee Springall, Mauricio Rocha + Gabriela Carrillo, Max von Werz, Michel Rojkind and Verónica González Zavala. Thanks also to José Esparza Chong Cuy, Julieta González, Homero Hernández and Enrique Giner de los Ríos.

We also give our thanks to our media partners, beginning with Arquine, who through Miquel Adrià and Andrea Griborio have persistently supported us since the foundation of LIGA. Warm thanks to Arch Daily and David Basulto, and especially the excellent team of its Mexico director, Vanessa Vielma. Thanks too to DOMUS Mexico, Central America and the Caribbean for its constant partnership.

Thanks to Moritz Bernoully, the passionate creator of many of LIGA's videos, and to Karen Muciño author of the video for LIGA 20.

LIGA is a small space but the partnership with so many other institutions makes it larger. Thanks to all the venues that have welcomed us to hold conferences, debates and to explore the fascinating Mexico City. Thanks to the Centro de Cultura Digital, Galería OMR, Casa Pedregal, Sala de Arte Público Siqueiros, Casa Max Cetto and Fundación INBA, Pabellones de México at the Feria de las Culturas Amigas, Museo Jumex, Huerto Romita, Torre 41, Casa Gilardi, and Museo Tamayo de Arte Contemporáneo.

The project would not be complete without the thoughts and words of the authors who contribute to each edition of LIGA with their critical texts: Marta Bogéa, Gustavo Adolfo Carabajal, Marcelo Villafañe, Francisco Díaz, Guilherme Wisnik, Jorge Rivera, Josep Quetglas, Billie Tsien, Josep Maria Montaner, Pablo Chiuminatto, Diego Capandeguy, Angelo Bucci, Mark Lee, Pablo Landa and Manuel Aires Mateus.

Thanks to the team at CCAU in Guadalajara for working with us on LIGA 21 and *Threefold Interludes*, we hope to continue working together.

Thanks to the whole team at PRODUCTORA for sharing their time and space with us, and always supporting us. A special shout out to Juan Benavides who agreed to film some of the LIGA installations, and our warmest thanks to Lucrecia Sodo, who always sorts out our little everyday problems. Thanks to E Buró, Alex Quinto and César Atayde for supporting us so patiently with our website.

Our sincerest gratitude to Santiago San Román Payro and his great team for hosting our space within the marvelous building by Augusto Álvarez and Juan Sordo Madaleno located at Av. Insurgentes Sur 348.

We cannot forget to mention those who have been part of LIGA, especially Maki Leos and all the Social Service volunteers from the Universidad Nacional Autónoma de México who wanted to dedicate their time and efforts to LIGA: Arantxa Sánchez, David Villegas, Rodrigo Altamirano, Juan Pablo Acosta, Santiago Vázquez, Miguel Rosas, Alejandro

No podemos dejar de agradecer con cariño a aquellos que han formado parte del equipo de LIGA, en especial a Maki Leos y a todos los voluntarios del servicio social de la Universidad Nacional Autónoma de México que quisieron dedicar su tiempo y esfuerzo a LIGA: Arantxa Sánchez, David Villegas, Rodrigo Altamirano, Juan Pablo Acosta, Santiago Vázquez, Miguel Rosas, Alejandro Campos, Patricio Serrano, Nayeli Rodríguez, Agustín Pérez, Javier Guzmán, Daniel Antonio Andrade, Alejandro Gutiérrez, Santiago García y Juan Luis Rivera.

El programa de exposiciones trimestrales recogido en este volumen no es sino obra de los arquitectos invitados. A ellos, verdaderos protagonistas de LIGA, un inmenso agradecimiento: RCJV (Ricardo Carvalho y Joana Vilhena), MMX (Jorge Arvizu, Ignacio del Río, Emmanuel Ramírez y Diego Ricalde), Diego Arraigada, MAPA (Matías Carballal, Andrés Gobba, Mauricio López, egresados y docentes de la Universidad de la República de Uruguay; y Luciano Andrades, Rochelle Castro), Emilio Marín y Juan Carlos López, Lab.pro.lab (Alejandro Haiek), Estudio Macías Peredo (Salvador Macías y Magui Peredo), TACOA Arquitetos (Rodrigo Cerviño y Fernando Falcón), Llonazamora (Michelle Llona R., Rafael Zamora P.), Nicolás Campodonico, [Vão] Anna Juni, Enk te Winkel, Gustavo Delonero + Marina Canhadas, Axel Araño, Iván Hernández, Cano Vera, DCPP y Tezontle. Gracias también a aquellos invitados cuyas recientes exposiciones serán apenas recogidas en un futuro libro: S-AR (César Guerrero, Ana Cecilia Garza, Carlos Flores y María Sevilla), UMWELT (Ignacio García Partarrieu y Arturo Scheidegger).

El ciclo de Interludios Indisciplinados fue posible gracias al entusiasmo y generosidad de los invitados: Teatro Ojo (Héctor Bourges, Karla Rodríguez, Laura Furlan y Patricio Villarreal), Ramiro Chaves, José Arnaud-Bello, Pablo López Luz, Sandra Rozenthal, José León Cerrillo y Adriana Lara. Gracias a todos ellos por formar ya parte del grupo de amigos de LIGA.

Los Interludios de Estudio nos llevaron a muchos rincones de la ciudad de la mano de los arquitectos y artistas Vicente Rojo, Felipe Leal, Pedro Reyes y Carla Fernández, Melanie Smith, Graciela Iturbide, Mauricio Rocha y Gabriela Carrillo, Danh Vō, Módica Ledezma y Thomas Glassford. Les agradecemos la confianza para abrirnos sus puertas y pasar ese tiempo con nosotros.

A Mimi Zeiger, Alejandro Hernández, Ana Paula Galindo, Sam Auinger, Pablo Kobayashi y Pablo Padilla que conversaron con nosotros en las primeras ediciones de Interludios de Tres y a Andrés Jaque, Luis Úrculo, Didier Faustino y Chic by Accident, que también nos acompañaron en Interludios, gracias por compartir sus reflexiones y proyectos con el público. Gracias también al Goethe Institut y a Carsten Seiffarth, que nos apoyaron con este programa.

Queremos agradecer a todos los que hicieron posible la celebración del primer concurso público de LIGA, Geometrías invisibles. Arquine, Hunter Douglas y Alejandra Curiel, a los 181 equipos participantes, especialmente a los 10 finalistas, así como a los jurados de la primera y segunda etapas: Tatiana Bilbao, Isaac Broid, Mauricio Rocha, Jonathan Olivares, Frida Escobedo, Marcelo Faiden, Iñaki Bonillas, Marcelo Gualano, Andrés Jaque, Miguel Mesa, Álvaro Puntoni, Mauricio Pezo, Florencia Rodríguez.

Un abrazo a los amigos de Monoambiente en Buenos Aires y a su director Martín Huberman con el que colaboramos en el Ciclo Colaboratorio.

Este libro incluye un bloque de ensayos de profesionales cuyo trabajo respetamos y admiramos. Queremos darles las gracias por haber contribuido tan sustancialmente en este volumen con sus reflexiones y experiencia: Agnaldo Farias, Barry Bergdoll, Carlos Mínguez Carrasco, Daniel Fernández Pascual, Florencia Rodríguez y Paola Santoscoy, Anna Puigjaner y Guillermo López, Rory Hyde, Tina di Carlo y, por supuesto, Wonne Ickx.

Campos, Patricio Serrano, Nayeli Rodríguez, Agustín Pérez, Javier Guzmán, Daniel Antonio Andrade, Alejandro Gutiérrez, Santiago García and Juan Luis Rivera.

The quarterly program of exhibitions assembled in this volume would be nothing without the invited architects. As the true protagonists of LIGA, we owe them enormous gratitude: RCJV (Ricardo Carvalho and Joana Vilhena), MMX (Jorge Arvizu, Ignacio del Río, Emmanuel Ramírez and Diego Ricalde), Diego Arraigada, MAPA (Matías Carballal, Andrés Gobba, Mauricio López, graduated and faculty at the Universidad de la República de Uruguay; and Luciano Andrades, Rochelle Castro), Emilio Marín and Juan Carlos López, Lab.pro.lab (Alejandro Haiek), Estudio Macías Peredo (Salvador Macías and Magui Peredo), TACOA Arquitetos (Rodrigo Cerviño and Fernando Falcón), Llonazamora (Michelle Llona R. and Rafael Zamora P.), Nicolás Campodonico, [Vão] Anna Juni, Enk te Winkel, Gustavo Delonero + Marina Canhadas, Axel Arañó, Iván Hernández, Cano Vera, DCPP and Tezontle. Thanks too to those guests whose recent exhibitions will be collected in a future book: S-AR (César Guerrero, Ana Cecilia Garza, Carlos Flores and María Sevilla), UMWELT (Ignacio García Partarrieu and Arturo Scheidegger).

The *Undisciplined Interludes* series was made possible thanks to the enthusiasm and generosity of the guests: Teatro Ojo (Héctor Bourges, Karla Rodríguez, Laura Furlán and Patricio Villarreal), Ramiro Chaves, José Arnaud-Bello, Pablo López Luz, Sandra Rozenthal, José León Cerrillo and Adriana Lara. Thanks to all of them for forming part of LIGA's group of friends.

The *Study Interludes* took us to many different corners of the city, guided by the architects and artists Vicente Rojo, Felipe Leal, Pedro Reyes and Carla Fernández, Melanie Smith, Graciela Iturbide, Mauricio Rocha and Gabriela Carrillo, Danh Vö, Módica Ledezma and Thomas Glassford. We thank them for the trust they showed in opening up their doors and spending this time with us.

To Mimi Zeiger, Alejandro Hernández, Ana Paula Galindo, Sam Auinger, Pablo Kobayashi and Pablo Padilla, who talked with us in the first editions of *Threefold Interludes* and to Andrés Jaque, Luis Úrculo, Didier Faustino and Chic by Accident, who also accompanied us at the *Interludes*, thank you for sharing your thoughts and projects with the public. Thanks too to the Goethe Institut and to Carsten Seiffarth, who supported us with this program.

We would like to thank all those who made possible LIGA's first public competition, *Invisibles Geometries*. Arquine, Hunter Douglas and Alejandra Curiel, the 181 participating teams, and especially the 10 finalists, together with the juries fof the first and second stages: Tatiana Bilbao, Isaac Broid, Mauricio Rocha, Jonathan Olivares, Frida Escobedo, Marcelo Faiden, Iñaki Bonillas, Marcelo Gualano, Andrés Jaque, Miguel Mesa, Álvaro Puntoni, Mauricio Pezo, and Florencia Rodríguez.

A big shout out to our friends at Monoambiente in Buenos Aires and its director Martín Huberman, with whom we partnered on the *Ciclo Colaboratorio*.

This book includes a set of essays by professionals whose work we respect and admire. We want to thank them for their substantial contributions to this volume and for sharing their ideas and experience: Agnaldo Farias, Barry Bergdoll, Carlos Mínguez Carrasco, Daniel Fernández Pascual, Florencia Rodríguez and Paola Santoscoy, Anna Puigjaner and Guillermo López, Rory Hyde, Tina di Carlo and, of course, Wonne Ickx.

Many thanks to Marielsa Castro, previous executive director, and to Mariana Yuste, the previous interim director, who gave their all to this project and took care of every last detail of many of the exhibitions that appear in this volume.

Gracias a Marielsa Castro, anterior directora ejecutiva y Mariana Yuste, anterior directora interina, que se entregaron de corazón al proyecto y cuidaron de cada pequeño detalle en muchas de las exposiciones que aparecen en este volumen.

El más sincero agradecimiento al equipo que día a día trabaja con pasión para que cada detalle del programa de LIGA sea posible. Gracias por formar parte de este proyecto y dedicarle su esfuerzo: Celina Bonadeo, María Muñoz y Francesc Pascual i Torrens que, como siempre decimos, están en LIGA por amor a LIGA.

Gracias una y mil veces a Mario Ballesteros, editor invitado de este libro que aceptó el desafío de acompañar a LIGA en este viaje de autorreflexión y funcionó como un faro vigía para nosotros.

El último agradecimiento es para aquellos a los que LIGA nunca agradece porque *ellos son LIGA*: Carlos Bedoya, Ruth Estévez, Víctor Jaime, Wonne Ickx y Abel Perles. Los cinco socios que imaginaron, apostaron y crearon un espacio que parecía inconcebible y que lo han mantenido vivo y lo han hecho crecer durante cinco años. Para ello consiguieron interesar con su entusiasmo a cientos de personas. Gracias por la generosidad y el cariño con que me involucraron a mí también y con el que día a día cuidan de este Espacio para Arquitectura y para todo lo demás que es LIGA.

Isabel Abascal

Our sincere gratitude to the team who work passionately every day to make every detail of the LIGA program a reality. Thank you for being part of this project and dedicating your efforts to it: Celina Bonadeo, María Muñoz and Francesc Pascual i Torrens who, as we always say, are in LIGA for the love of LIGA.

> A thousand and one thanks to Mario Ballesteros, guest editor of this book, who accepted the challenge of accompanying LIGA on this journey of self-reflection and who acted as a lookout beacon for us.

Our final acknowledgement is for those who LIGA never thanks because *they are* LIGA: Carlos Bedoya, Ruth Estévez, Víctor Jaime, Wonne Ickx and Abel Perles. The five partners who dreamed up, backed and created a space that seemed unimaginable and that they have kept alive and enabled to grow over five years. To achieve this they communicated their enthusiasm to hundreds of others. Thank you for your generosity and the kindness with which you involved me as well, and with which every day you care for this Space for Architecture and for everything else that is LIGA.

Isabel Abascal

LIGA es una organización sin fines de lucro y subsiste gracias al apoyo de personas, organizaciones y empresas interesadas en la producción de conocimiento en el campo de la arquitectura.

LIGA is a nonprofit organization that exists thanks to the generous support of individuals, institutions and companies interested in the production of knowledge in the field of architecture.

Fundadores, directores y curadores / Co-Founders, Directors and Curators
Carlos Bedoya
Ruth Estévez
Wonne Ickx
Víctor Jaime
Abel Perles

Directora ejecutiva / Executive Director
Isabel Abascal

Prensa / Press
María Muñoz

Asistentes de dirección / Assistants to the Directors
Celina Bonadeo
Francesc Pascual i Torrens

Voluntario del Programa de Servicio Social de la UNAM / Volunteer
Claudio Morales

LIGA agradece a / LIGA greatly appreciates the support of:

Aliados honorarios / Honorary Allies
Alumnos 47
Aimée Labarrere de Servitje
Isaac Broid
Alejandro Tapia + Katerina Alatzia
	(La Invencible)
Fermín Espinosa + Gerardo Salinas
	(Factor Eficiencia)
Lucio Muniain et. al.
Miquel Adrià
Tatiana Alcázar
Tatiana Bilbao
Yuri Zagorin (ZD+A)

Aliados / Allies
Alfonso Medina (t38 studio)
Carlos Coronel (Bahía de Conceptos)
Carlos Zedillo
Derek Dellekamp
Esteban Suárez
Francisco Pardo
Gaeta - Springall Arquitectos
Héctor de la Peña
Héctor Esrawe
Iñaki Echeverría
Javier Sánchez (JSa)
Jorge Hernández de la Garza
Jose Castillo + Saidee Springall (a911)
Max von Werz
Manuel Cervantes
Michel Rojkind
Surella Segú y Armando Hashimoto
Taller Mauricio Rocha + Gabriela Carrillo
Verónica González Zavala

Si estás interesado en apoyar a LIGA, escríbenos a / If you are interested in supporting LIGA, please email us: info@liga-df.com

© 2017 LIGA, Espacio para Arquitectura, Ciudad de México / Mexico City, and Park Books, Zurich

LIGA, Espacio para Arquitectura
Av. Insurgentes Sur 348, piso 9,
Colonia Roma Sur, Delegación Cuauhtémoc
Ciudad de México / Mexico City, 06700
México / Mexico
www.liga-df.com

Park Books
Niederdorfstrasse 54
8001 Zurich
Suiza / Switzerland
www.park-books.com

ISBN: 978-3-03860-082-4

Este libro es un proyecto de
Carlos Bedoya, Ruth Estévez, Wonne Ickx, Víctor Jaime y Abel Perles

Editores / Editors
Isabel Abascal
Mario Ballesteros

Textos / Texts
© de los autores / by the authors

Coordinación editorial / Edition Coordination
Celina Bonadeo

Asistente editorial / Editorial Assistant
Francesc Pascual i Torrens

Traducción / Translation
Fionn Petch
Jazmina Barrera

Dirección creativa y diseño /
Creative Direction and Design:
Maricris Herrera, Emilio Pérez
(Estudio Herrera)

Corrección de estilo / Proofreading:
Claudia Priani
Diana Goldberg
Fionn Petch
Quentin Pope

Impreso por / Printed by:
Offset Santiago, S.A. de C.V.
General Pedro Antonio de los Santos No. 96,
Col. San Miguel Chapultepec I Sección
11850, Ciudad de México

Ninguna parte de esta publicación puede ser reproducida, archivada o transmitida en forma alguna mediante un sistema, ya sea electrónico, mecánico, de reproducción fotográfica, de almacenamiento en memoria o cualquier otro, sin previo y expreso permiso por escrito de los titulares de la propiedad intelectual y de la editorial.
No part of this publication may be reproduced, stored or transmitted in any way by an electronic or mechanical system, whether in a photographical reproduction, memory storage or otherwise, without the prior and expressed written permission of the intellectual property holders and the publisher.

Este libro se realizó con apoyo del Fondo Nacional para la Cultura y las Artes a través del Programa de Fomento a Proyectos y Coinversiones Culturales Convocatoria 2016, con apoyo de la Graham Foundation for Advanced Studies in the Fine Arts a través del Programa Grants to Organizations 2015 y con apoyo del Patronato de Arte Contemporáneo a través de la Convocatoria de Apoyo a Proyectos 2016.
This book was edited with support from the Fondo Nacional para la Cultura y las Artes through the Programa de Fomento a Proyectos y Coinversiones Culturales Convocatoria 2016, with the support from the Graham Foundation for Advanced Studies in the Fine Arts through the Grants to Organizations 2015 program and with the support from the Patronato de Arte Contemporáneo through the Convocatoria de Apoyo a Proyectos 2016. LIGA, Espacio para arquitectura

Este libro ha sido posible gracias al apoyo de:
This book has been made possible by the support of:

Graham Foundation   P A
                       C

LIGA agradece el generoso apoyo anual de:
LIGA appreciates the generous annual support of:

FUNDACIÓN ALUMNOS47   GRUPOHABITA

LAINVENCIBLE.ORG   FACTOR EFICIENCIA

Arquitectura expuesta se terminó de imprimir en junio de 2017 con un tiraje de 2,000 ejemplares, sobre papel Bond Ledger. Para la formación de textos se usó la fuente Maison Neue.

Exposed Architecture was printed in June 2017 with a print run of 2,000 copies on Bond Ledger. The texts were typeset in Maison Neue.